Schüler- und Lehrerwitze

Impressum

www.garant-verlag.de

Redaktion: Redaktionsbüro Verena Asbeck, Bad Vilbel
Layout und Satz: Mathias Weil, Worms
Illustrationen: Bettina Bach, Worms

ISBN 978-3-7359-1808-6

Schüler- und Lehrerwitze

garant

Bevor der ABC-Schütze seinen ersten Schultag hat, bereiten ihn seine Eltern gründlich darauf vor. Sie pauken mit ihm seinen Namen, Vornamen, die Adresse und den Geburtstag. „Du bist am 21. Oktober geboren", sagt der Vater. „Manno, das ist ja ein Zufall – genau an meinem Geburtstag!", freut sich der Kleine.

Der Lehrer: „Warum kommst du schon wieder zu spät?" Paul: „Ich bin mit dem Fahrrad gekommen." Lehrer: „Na und? Das ist doch kein Grund!" Paul: „Doch, da war ein Schild: Achtung, Schule! Bitte langsam fahren!"

Im Biologieunterricht werden Stelzvögel besprochen. „Einen kennt ihr bestimmt schon, nämlich den Storch", sagt die Lehrerin. Da fängt Ilse an zu kichern: „Aber Frau Lehrerin, sind Sie wirklich der Ansicht, dass wir noch an den Storch glauben?"

Das Aufsatzthema lautet: Wenn ein Zug vorüberfährt. Nach drei Minuten gibt Willi bereits sein Heft ab. Darin steht: Wenn ein Zug vorüberfährt, trete ich zur Seite. Der Lehrer ist sauer: „Ich trete dir gleich sonst wo hin!" Meint Willi ganz cool: „Lieber in den Hintern getreten, als vom Zug überfahren werden."

„Pit, du hast schon wieder die Tür mit schmutzigen Händen aufgemacht!", schimpft die Lehrerin. „Das war ich nicht", verteidigt sich Pit. „Ich mach das doch immer mit den Füßen."

Amerikanischer Austauschschüler in Frankfurt am Main vor dem Goethe-Denkmal: „Hi, Schiller, kleine Nachtmusik,
da da da daaaa."

In der Klasse sind Zwillinge. Der Lehrer erklärt seiner Klasse: „Zwillinge sehen einander nicht nur unwahrscheinlich ähnlich, es passiert ihnen auch oft genau dasselbe." „Stimmt!", ruft einer der Zwillinge, „gestern haben wir beide ein Geschwisterchen bekommen!"

Der ABC-Schütze zu seinem Sitznachbarn: „Ich habe dir ein Bonbon aufgehoben, willst du es haben?" Der andere Junge nickt erfreut, nimmt es und lutscht es genüsslich. „Schmeckt dir das Bonbon?" „Ja, sehr!" „Dann verstehe ich nicht, warum unser Hund es vorhin ausgespuckt hat."

Der Schuldirektor will das Schulinventar gegen Diebstahl versichern und lässt einen Versicherungsvertreter kommen. Der Direktor überreicht diesem eine Liste, auf der alles aufgeschrieben ist, alles, außer den Wanduhren. Der Versicherungsvertreter wundert sich: „Wieso stehen denn da die Wanduhren nicht drauf?" Darauf der Direktor: „Mein Bester, glauben Sie wirklich, dass die Schüler die Uhren auch nur eine Sekunde aus den Augen lassen?"

Volker, Herbert, Peter, Moni, Susi und Evi kommen zu spät zur Schule. Volker sagt: „Mein Wecker hat nicht geklingelt!" Herbert sagt: „Mein Fahrrad hatte einen Platten!" Peter sagt: „Meine Mutter ist krank." Moni sagt: „Ich konnte mein Lesebuch nicht finden." Susi sagt: „Mir war heute früh so schlecht." Da fängt Evi fürchterlich zu weinen an. „Was ist denn?", fragt die Lehrerin. Evi schluchzt: „Die anderen haben schon alle Ausreden verbraucht!"

Evi wäscht sich nicht gerne. Heute hat sie es besonders übertrieben und nur die linke Körperhälfte gewaschen. „Sag mal, Evi, spinnst du? Was soll denn deine Lehrerin von dir denken?", tadelt die Mutter. „Ph, was soll die denken", meint Evi, „die merkt doch gar nichts, ich sitze doch ganz rechts außen an der Wand."

Der Arztsohn fragt seinen Vater: „Habe ich wirklich die Windpocken, Papa?" „Hundertprozentig, mein Sohn." „Na, super, und was kriege ich von dir, wenn ich trotzdem in die Schule gehe und jede Menge Kinder anstecke?"

Die Klasse im Museum. Nachdem sie lange herumgelaufen ist, setzt sich Petra völlig ermattet auf einen Stuhl. „Da darfst du dich nicht draufsetzen, das ist der Stuhl von Napoleon", tadelt sie die Lehrerin. „Ach, nur einen Moment", sagt Petra, „sobald er kommt, stehe ich auf."

Fabian kommt aus reichem Haus. Prahlt er: „Unser Geschlecht lässt sich bis zu Karl dem Großen zurückverfolgen." Der Lehrer grinst: „Und sicherlich haben deine Ahnen in der Arche Noah Zuflucht gesucht?" „Ganz sicher nicht", kontert Fabian, „wir hatten schon immer eine eigene Yacht."

Der Schulleiter hat sich neue Scheibenwischer an sein Auto montieren lassen. Karlchen hat es mitbekommen und erzählt in der Schulklasse: „Der Schuldirektor hat sich neue Klammern für die Strafzettel gekauft."

Die Lehrerin erklärt den Knigge: „Der Herr geht immer vor der Dame die Treppe hinauf. Warum wohl?" Meldet sich Moni und sagt: „Weil die Dame ja nicht wissen kann, in welchem Stockwerk der Herr wohnt!"

Die Deutschlehrerin: „Wenn ich sage: Ab morgen werde ich für viele Wochen fort sein, was ist das für eine Zeit?" Darauf Max: „Die schönste Zeit meines Lebens!"

„Herr Lehrer, Herr Lehrer!", ruft Max ganz aufgeregt. „Wie oft soll ich dir noch sagen, dass du nur reden sollst, wenn du gefragt wirst!" „Dann fragen Sie mich doch bitte ganz schnell, ob die Direktorin die Treppe hinuntergefallen ist.

Der Unterricht ist ziemlich langweilig. Also brennt Fabian mit der Lupe ein Loch in den Vorhang. Als der Lehrer das bemerkt, wird er wütend: „Weißt du, was du dafür verdienst?", ruft er empört. „Herr Lehrer, ich bin in der Schule, um etwas zu lernen, nicht um etwas zu verdienen!"

„Wann ist die richtige Zeit für die Kirschernte?", fragt die Biologielehrerin. Meldet sich Fritzchen: „Wenn der Bauer schläft und der Wachhund nicht draußen im Garten ist."

Bastian beschwert sich bei seinem Schulfreund: „Wir kriegen schon wieder ein Kind. Für so was haben meine Eltern das Geld, aber für einen DVD-Player reicht es immer noch nicht!"

„Mengenlehre kapiere ich überhaupt nicht", klagt Moni. „Wieso? Ist doch total einfach", meint ihr Vater. „Wenn zum Beispiel drei Leute im Raum sind und fünf gehen hinaus, dann müssen zwei wieder hineingehen, damit der Raum leer ist."

Meint Petra zu ihrer Freundin Moni: „Dein Angebeteter, der Hannes, ist ein richtiger Streber!" „Das ist eine gemeine Lüge. Das musst du beweisen!" „Ganz leicht! Dieser Schleimer streut Niespulver auf das Lehrerpult, damit er recht oft Gesundheit sagen kann!"

Geschichtsunterricht. Der Lehrer fragt: „Wer kann mir etwas über die Kreuzzüge erzählen?" Fritz kann: „Im Krieg wurden auf die Eisenbahnwaggons, die Kranke transportierten, rote Kreuze gemalt. Das waren dann die Kreuzzüge." „Falsch! Wer weiß es?" Meldet sich Evchen: „Die Ritter waren oft weg wegen der Kreuzzüge. Die Burgfräuleins waren daher sehr einsam und warteten auf ihre ausgezogenen Männer."

„Heute war ich Klassenbester!", strahlt Tom. „Super", sagt seine Mutter, „was hast du gemacht?" „Die Lehrerin wollte wissen, wie viel 9 x 8 ist und ich habe 69 gesagt." „Aber Tom, das ist doch falsch! 9 x 8 ist 72!" „Schon", meint Tom, „aber ich war nahe dran!"

Erkundigt sich die Nachbarin: „Na, Frau Weber, ist Ihr Sohn in die nächste Klasse gekommen?" „Leider nein", antwortet Frau Weber, „sein Lehrer wollte ihn unbedingt noch ein Jahr behalten."

„Frau Lehrerin", fragt der ABC-Schütze, „warum haben Sie denn einen so dicken Bauch?" „Da ist ein Baby drin." „Haben Sie Ihr Baby denn gern?" „Aber ja, mein Kind!" „Und warum haben Sie es dann aufgegessen?"

„Was willst du denn mit dem Regenwurm?", fragt der Lehrer den ABC-Schützen. „Wir haben auf dem Schulhof zusammen gespielt und jetzt will ich ihm mein Klassenzimmer zeigen."

Auf der Schultoilette beobachten zwei kleine Schülerinnen, wie sich eine Abiturientin ausgiebig im Spiegel betrachtet. „Ist die nicht wahnsinnig eitel?", fragt Moni. „Eitel? Ich nenne das verdammt mutig", entgegnet ihre Freundin.

Zwei Schülerinnen unterhalten sich: „Sag mal, warum nennt ihr eure Lehrerin denn Blinddarm?" „Na, weil sie ständig gereizt und völlig überflüssig ist."

Stolz zeigt Uwe seine Urlaubsbilder in der Klasse herum. „Wer ist denn dieser hässliche Vogel da auf dem Bild?", fragt ein Mitschüler. „Das ist mein Bruder!" „Oh, tut mir leid, das hätte ich ja nun wirklich sehen können."

Petra hat große Schwierigkeiten mit Latein. Nach einer misslungenen Schularbeit fragt sie den Lateinlehrer: „Sagen Sie mal, Latein ist doch eigentlich eine tote Sprache?" Der Lehrer bejaht das. „Warum begräbt man sie dann nicht ein für allemal?"

Der Religionslehrer: „Verena, wir haben in der Bibel von dem Land Kanaan gelesen. Wie stellst du dir das Land vor, in dem Milch und Honig fließen?" Verena: „Sehr, sehr klebrig, Herr Lehrer!"

Antje zu ihrer Schulfreundin: „Stell dir vor, gestern bin ich aus dem Wohnzimmerfenster gefallen." „Ach komm, und du lebst noch?" „Logisch! Wir wohnen doch in einem Bungalow!"

Paulchen kommt humpelnd in die Schule. „Was ist passiert, Paulchen?", fragt der Lehrer besorgt. „Ich bin vom Baum gefallen." „Ach, du Ärmster, hoch?" „Nein, Herr Lehrer, runter!"

Fabian geht mit seinem Schulfreund in den Zoo. Vor den Elefanten bleiben sie stehen. „Also, das kann ja wohl nicht stimmen, was mein Vater immer über meine Mutter sagt", meint Fabian. „Wieso, was sagt er denn?", fragt Olli. „Dass meine Mutter aus kleinen Mücken immer soooo große Tiere macht!"

„Ferdi, stell dir vor, du hast 20 Heringe und ich nehme dir 8 weg, was macht das?" „Gar nichts, Frau Lehrerin, ich mag nämlich keine Heringe!"

Hansi baut ein Kartenhaus, das plötzlich zusammenfällt. „Scheißdreck!", flucht er. „Aber Hansi, was bringst du denn für hässliche Worte aus der Schule mit? Wenn du dieses Wort nie wieder verwendest, schenke ich dir zwei Euro", tadelt seine Mutter. „Super, Mutti, aber ich kenne noch ein viel schlimmeres Wort, das ist mindestens fünf Euro wert."

Der Lehrer zu Evi: „Bevor es das Fernsehen gab, gingen die Leute mit den Hühnern zu Bett." Darauf Evi: „Na, die Bettwäsche muss ja schön ausgesehen haben!"

Lehrer: „Pit, was ist ein Durchschnitt?" „Ein Durchschnitt ist der Ort, wo Hühner ihre Eier legen." „Was für ein Unsinn! Wie kommst du darauf?" „Ich habe gelesen, dass Hühner im Durchschnitt 100 Eier im Jahr legen."

Fragt der Lehrer: „Wer hat ein gutes Beispiel für Zeitverschwendung?" Meldet sich Uli: „Wenn man einem Kahlköpfigen haarsträubende Geschichten erzählt!"

Physikunterricht. Der Lehrer erklärt, was Elektrizität ist: „Wenn man einer Katze gegen das Fell streichelt, lädt sich dieses auf und es entsteht Elektrizität." Meldet sich Evi: „Und wo kriegen die vom Elektrizitätswerk die vielen Katzen her?"

Heute ist das große Fußballturnier der Schüler. Karl wartet auf den Schulbus. Um sich die Zeit zu vertreiben, macht er schon mal Dribbelübungen. Kommt eine Dame vorbei, beobachtet ihn kurze Zeit und sagt: „Komm, Kleiner, ich zeige dir, wo die Toilette ist."

„Seit sich mein Sohn mein Auto ausborgt, um in die Schule zu fahren, ist er viel früher dort", erzählt ein Vater. „Ach, hat er endlich gelernt, pünktlich zu sein?" „Nein, das nicht, aber wenn er später kommt, kriegt er keinen Parkplatz."

„Edgar", schimpft der Lehrer, „weil dein Diktat so saumäßig schlecht war, habe ich dir doch aufgetragen, den Text zehnmal abzuscheiben. Du hast ihn aber nur viermal abgeschrieben! Hast du dafür eine Erklärung?" „Ja, natürlich habe ich eine Erklärung. Das liegt daran, dass ich in Mathe auch so saumäßig schlecht bin", antwortet Edgar.

„Wir fahren dieses Jahr in den Schulferien nicht ans Meer", erzählt Heini seinem Schulfreund. „Warum nicht, ihr seid doch immer ans Meer gefahren?" „Diesmal ist es aber so: In Vatis Brieftasche ist Ebbe und auf seinem Schreibtisch liegt eine Flut unbezahlter Rechnungen!"

Die Schulklasse geht in den Zoo. Sie stehen vor dem Affenkäfig, da sagt Uli laut zu seinem Freund: „Sieh mal, der Affe auf dem Felsen, der sieht genauso aus wie der Schuldirektor!" „Also Uli, das ist aber sehr beleidigend!", meint daraufhin der Lehrer. „Wieso? Der Affe kann mich doch gar nicht hören."

Stefan geht in die Apotheke. „Bitte eine Schachtel Beruhigungsmittel und einen Karton Verbandszeug." „Wozu brauchst du das denn?", staunt der Apotheker. „Morgen gibt es Zeugnisse. Das Beruhigungspulver brauche ich für meinen Vater, wenn er das Zeugnis sieht, und das Verbandszeug für mich, falls das Pulver nicht wirkt."

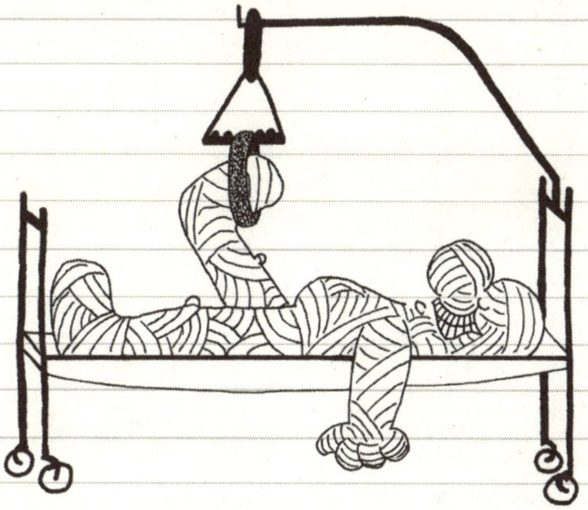

Der Religionslehrer fragt: „Was trieb Kain dazu, seinen Bruder Abel zu erschlagen?" Antwortet Anni: „Schundliteratur, brutale Computerspiele und das Fernsehprogramm!"

Auf die Frage, ob es ihr in der Schule gefällt, antwortet Evi: „Überhaupt nicht. Da ist so viel Leerlauf, weil so viele Lehrer herumlaufen."

Nach einem Schüleraustausch kommt Moni aus England zurück. „Nun, wie war es denn? Hattest du viele Schwierigkeiten mit dem Englisch?", will der Vater wissen. „Nein, ich überhaupt nicht, aber die Engländer!"

Fragt der Lehrer: „Warum ist eigentlich die Luft so wichtig?" „Weil man sonst keine Gummimatratzen aufpumpen könnte."

Der Lehrer will wissen, was die vier Elemente sind. Meldet sich Willi: „Erde, Wasser, Feuer und Grog." „Wieso Grog, was ist denn das für ein Unsinn?" „Wenn Vati Grog trinkt, sagt Mutti immer: Jetzt ist er wieder in seinem Element."

Die Schüler sollen ihren Lebenslauf schreiben. Peter gibt als Erster ab. Der Lehrer schaut sich die Arbeit an und sagt: „Gut. Ich sehe, du hast am 15.6. Geburtstag. Aber hier steht nicht, in welchem Jahr." Antwortet Peter: „Jedes Jahr, Herr Lehrer!"

Die Schule ist aus. Uschi, Fritz und Wolfgang gehen heim. „Was machen wir heute Nachmittag?", fragt Fritz. „Wir werfen eine Münze. Bei Zahl gehen wir schwimmen. Bei Kopf gehen wir ins Kino", schlägt Wolfgang vor. „Super!", sagt Uschi. „Und wenn die Münze auf dem Rand stehen bleibt, machen wir Hausaufgaben."

Im Goethegymnasium ist das Klima denkbar schlecht. Alle haben Knatsch miteinander. Die Schüler mit den Schülern, die Schüler mit den Lehrern, die Lehrer mit den Lehrern und so weiter. Der Schuldirektor engagiert einen Psychologen. „Nun, Herr Direktor, wo liegt das Problem?", fragt der Psychologe. „Das fragen Sie mich, Sie arroganter, hirnloser Trottel", brüllt der Direktor. „Schließlich bezahle ich Sie ja, um das herauszufinden!"

Im Religionsunterricht. Der Lehrer erzählt: „Der gute Hirte kümmert sich um seine Schafe. Er sorgt sich um jedes einzelne Schäfchen und schützt es vor Gefahren. Gott ist für uns Menschen wie ein Hirte." Darauf Evi: „Finde ich echt nicht gut!" Der Religionslehrer dazu: „Ja, warum denn nicht?" Darauf Evi: „Weil, wenn die Schafe alt sind, schlachtet sie der Hirte."

„Was ist der Unterschied zwischen einem Klavier und einer Gitarre?", will der Musiklehrer wissen. „Das Klavier ist unhandlicher", meint Gitti.

„Mein Vater fährt ein großes Auto und hat immer einen Haufen Geld in der Tasche!", prahlt Peter vor seinen Schulkameraden. „Tatsächlich?", staunt Karlchen. „Was ist er denn von Beruf?" „Busfahrer."

„Na, was sagst du zu meinem neuen Sweatshirt?", fragt Heino seinen Schulfreund. „Ist doch nichts Besonderes!", meint Pauli. „Na hör mal", entrüstet sich Heino, „so ein Shirt hat nicht jeder. Es ist fliederfarben!" „Quatsch, es ist weiß!", antwortet Pauli. „Was bist du doch für ein Ignorant!", ruft Heino beleidigt, „hast du noch nie was von weißem Flieder gehört?"

Die Schulklasse macht einen Ausflug auf den Bauernhof. „Hinten in unserem Wildgehege haben wir sogar einen Waschbären", sagt die Bäuerin. „Ach ja", staunt Uschi, „bei uns in der Stadt haben wir zum Waschen Maschinen."

Die Lehrerin spricht über Krankenhäuser, Ärzte und Operationen: „Wer von euch weiß, warum Ärzte und OP-Schwestern im Operationssaal immer ein Tuch vor dem Mund haben?" Antwortet Moni: „Damit sie das OP-Besteck nicht abschlecken!"

„Bist du heute per Autostop zur Schule gekommen?", fragt Susi ihre Schulfreundin. „Nö, zu Fuß, wie immer. Wieso?" „Du siehst so mitgenommen aus!"

In der Deutschstunde trägt der Lehrer vor: „Ich komme nicht, du kommst nicht, er kommt nicht, sie kommt nicht, es kommt nicht, wir kommen nicht ... Jetzt sag mir mal, Moni, was das bedeutet?" „Das bedeutet", sagt Moni, „dass überhaupt keiner kommt."

Im Schulbus sitzt der alte Lehrer. Er hat eine riesig große Nase. Ihm gegenüber sitzt Peter, der die große Nase unverwandt anstarrt. „Ist was?", fragt der Lehrer. „Na ja", kichert Peter, „ich frage mich die ganze Zeit, wie Sie zu dieser großen Nase gekommen sind." „Kann ich dir sagen", antwortet der Lehrer. „Als Gott einst die Nasen an die Menschen verteilte, da waren wir beide die Letzten in der Reihe. Und es gab nur noch zwei Nasen, eine große und eine kleine. Ich habe natürlich nach der kleinen Nase gegriffen, aber sie ist mir sofort wieder aus der

Hand gerutscht. Da habe ich halt die große genommen." „Ja, wieso ist Ihnen die kleine Nase aus der Hand gerutscht?", fragt Peter. „Weil sie eine Rotznase war!"

Fritz zu seinem Klassenlehrer: „Ich fühle mich oft so unverstanden!" Der Lehrer: „Das kann ich nicht verstehen!"

Zwei ABC-Schützen auf dem Schulhof zu ihrer Lehrerin: „Heute spielen wir Tiergarten. Susi und ich sind kleine Bären. Und Sie müssen mitspielen." „Na schön", sagt die Lehrerin, „was habe ich dabei zu tun?" „Sie müssen uns die Bonbons zuwerfen!"

„Nie hörst du mir zu, wenn ich dir etwas sage!", schimpft die Lehrerin. „Wie sollen wir da miteinander auskommen?" „Ich habe einen Vorschlag", meint Tine, „Sie sagen einfach nichts."

„Wie viel wiegst du eigentlich?", fragt Sandra ihre Schulfreundin. „45 Kilo mit Brille." „Wieso mit Brille?" „Na, ohne Brille kann ich die Waage nicht sehen!"

In der Ganztagsschule beim Mittagsessen. Es gibt Leipziger Allerlei. „Verflixt!", flucht Fritz, „die blöden Erbsen rollen mir dauernd von der Gabel." „Du hast aber auch gar keine Manieren!", tadelt ihn Pit, „wozu gibt es denn einen Löffel? Mit dem klopft man die Erbsen vorher flach."

Im Lateinunterricht soll das Verb legere konjungiert werden. Das misslingt gründlich. Der Lehrer ist verärgert: „Morgen sitzt das Konjungieren perfekt, sonst dürft ihr alle nachsitzen!" Am nächsten Tag wird Peter aufgerufen. „So, nun will ich das Präsens von legere hören." Flott konjungiert Peter: „Lego, legis, legit, legimus, legitis, legunt." „Prima! Und nun das Ganze rückwärts!" „Ogel, sigel, tigel, sumigel, sitigel, tnugel."

Die Turnlehrerin will heiraten. Vor der Trauung geht der Pfarrer auf einen Herrn zu, der vor der Kirche steht, und fragt: „Sie sind sicher der Bräutigam?" „Nein, nur der Trauzeuge. Ich bin schon im Viertelfinale ausgeschieden."

Freddy kommt in die Schule und zeigt dem Lehrer stolz, was ihm sein Onkel aus Amerika mitgebracht hat. „Das ist eine original indianische Friedenspfeife", sagt er stolz. „Sie stammt von Sitting Bull persönlich. Mein Onkel hat die Pfeife von einem alten Indianer gekauft. Nur was die Inschrift da bedeutet, das wusste der Alte leider nicht zu sagen." Der Lehrer nimmt die Pfeife und studiert die Schriftzeichen. „Was steht da?", fragt Freddy neugierig. „Da steht", sagt der Lehrer, „Warnung des Gesundheitsministers: Rauchen gefährdet Ihre Gesundheit."

Auf dem Schulhof. „Mein Vati ist so dick, dass er einen Schuhlöffel braucht, um ins Auto einzusteigen", sagt Moni. „Ach, das ist noch gar nichts", antwortet Susi. „Mein Vater ist so fett, dass man ihn gar nicht anschauen kann, ohne ein Stück Brot dazu zu essen."

„Papa, kannst du mir helfen? Jetzt haben wir schon ein Jahr Sexualkunde und ich verstehe die Frauen immer noch nicht!"

Seit Tagen regnet es ganz fürchterlich. Das Fußballspiel der Schulmannschaften wurde trotzdem nicht abgesagt. Der Platz steht unter Wasser und das Gastteam hat die Seitenwahl. „Also gut", meint der gegnerische Mannschaftsführer, „spielen wir in der ersten Halbzeit gegen die Strömung."

Die Mutter betrachtet das Zeugnis ihres Sprösslings. „Was ist denn das? In Betragen ein Ungenügend?", schimpft sie. „Nimm dir ein Beispiel an deinem Vater, der ist wegen guten Betragens ein Jahr früher aus dem Knast gekommen!"

Die Schulklasse besucht einen historischen Friedhof. Vor einem Grab bleibt der Lehrer stehen und liest vor: „Hier ruht Gerhard Jockel, ein erfolgreicher Schriftsteller und Illustrator." Pauli schüttelt den Kopf und sagt: „So was! Drei in einem Grab!"

Der Sohn des Rechtsanwalts Weber kommt viel später aus der Schule als erwartet. „Wieso kommst du erst jetzt?", fragt die Mutter. „Ich musste nachsitzen." „Warum denn diesmal?" Antwortet der Kleine: „In Sachen Rechtschreibung Weber kontra Duden."

Der Physiklehrer hat alles für ein Experiment zu Temperaturschwankungen aufgebaut. Nun fragt er Jockel: „Sinkt das Thermometer schon?" „Nein", meint Jockel, „ich höre jedenfalls nichts."

Die Lehrerin fragt nach den Hobbys ihrer Schüler. Heini meldet sich: „Fliegen!" „Das ist aber ein teures Hobby", staunt die Lehrerin. „Ach was", meint Heini, „von den Biestern gibt es doch Milliarden!"

Tobias beschwert sich über das Essen in der Ganztagsschule: „Die Würste sind nix!", sagt er. „Wieso, was ist denn mit den Würsten?", will seine Mutter wissen. „Die Zipfel sind nix!" „Ja, aber warum? Jede Wurst hat doch zwei Zipfel!" „Schon", sagt Tobias, „aber hier sind die Zipfel viel zu dicht beieinander!"

Die Schulklasse besichtigt die Orgelempore. „Wer weiß, warum es auf dem Manual schwarze und weiße Tasten gibt?", will der Lehrer wissen. Meldet sich Susi: „Die weißen sind für die Hochzeiten, die schwarzen für Beerdigungen."

Der Lehrer: „Norbert, bitte buchstabiere mal Mississippi." Norbert: „Den Fluss oder den Staat?"

In der Schulpause. Fritzchen blickt sich in der Runde seiner Schulkameraden triumphierend um. „Gestern war ich mit meinem Vater angeln. So einen Fang, wie ich ihn gestern hatte, hat noch keiner von euch gemacht." „Ja, was hast du denn gefangen?", fragen die anderen Jungen neugierig. „Einen alten Schuh!", antwortet Fritzchen. „Phh, einen Schuh!", höhnen die Schulkameraden. „Jaaa, einen Schuh", ruft Fritzchen. „Aaaaaber: Größe 49!"

Der Erdkundelehrer: „Hansi, was wird in Italien hauptsächlich angepflanzt?" Hansi: „In Italien pflanzt man Wein, Öl, Pinien und Spaghetti."

Der Mathelehrer: „Warum kann ich sagen, dass diese Punkte auf einer Geraden liegen?" „Weil Sie der Mathematiklehrer sind!"

„Ich habe morgen Geburtstag", erzählt Hubert seinem Schulfreund Pit. „Und mein Vater hat gesagt, ich darf mir wünschen, was ich will. Ich wünsche mir ein Fahrrad, einen CD-Player und einen Hund." „Sensationell", ruft Pit, „und bekommst du das auch wirklich?" „Ob ich's auch kriege, davon hat mein Vater nichts gesagt."

Der Biologielehrer erzählt, dass man, wenn man von einer Schlange gebissen wurde, die Bissstelle sofort mit einem Messer aufschneiden und das Gift heraussaugen muss. „Aber was macht man, wenn einen die Schlange in den Po gebissen hat?", fragt Toni verschmitzt. „Tja", meint der Lehrer, „da erfährt man dann, ob man wahre Freunde hat."

Der Lehrer fragt die ABC-Schüler: „Wer von euch kann einen Satz bilden, in dem das Wort einfältig vorkommt?" Eifrig meldet sich Uschi: „Herr Lehrer, du hast zwei Droppen an die Nase, ein fällt dich gleich runter."

Peter meldet sich und fragt den Lehrer: „Entschuldigung, aber wissen Sie vielleicht ein wirksames Mittel gegen Schluckauf?" Der Lehrer gibt ihm eine Ohrfeige und sagt: „Siehst du, das hilft immer, der Schluckauf ist weg." Peter ist völlig verdattert: „Ja, aber den Schluckauf habe doch nicht ich, sondern Kalle, mein Banknachbar."

Auf dem Schulweg sieht die kleine Evi ein paar Krankenschwestern. In der Schule fragt sie die Lehrerin: „Was sind denn das für Frauen, die ein weißes Häubchen auf dem Kopf tragen?" „Das sind Krankenschwestern", antwortet die Lehrerin. „Ach", staunt Evi, „und wie sehen dann gesunde Schwestern aus?"

Der Lehrer will den Schülern vermitteln, dass es auch noch etwas anderes gibt als das Fernsehen. „Was glaubt ihr, was die Menschen gemacht haben, bevor es das Fernsehen gab?", fragt er. Totenstille in der Klasse. „Also, wie haben es die Menschen Tausende von Jahren ohne die Flimmerkiste ausgehalten?", fragt er noch einmal. Meldet sich Thomas: „Das hat keiner ausgehalten. Nachweislich sind sie ja alle gestorben."

Mittagessen in der Ganztagsschule. Thea stochert in ihrem Gulasch herum. „Ist das Fleisch nicht in Ordnung?", fragt die Lehrerin. „Es ist so zäh wie eine Schuhsohle!" Die Lehrerin nimmt mit der Gabel ein Stückchen Fleisch von Theas Teller und probiert. „Ich weiß nicht, was du hast, das Fleisch ist doch butterzart." „Dieses Stück vielleicht", meint Thea, „das habe ich ja auch in den letzten zehn Minuten weich gekaut."

Die Kinder sollen einen Aufsatz schreiben, der über jeden Wochentag berichtet. Peter, der Sohn des Oberforstmeisters, schreibt: „Am Montag ging ich mit Vati auf die Jagd. Er schoss ein Wildschwein. Das gab Fleisch für Dienstag, Mittwoch, Donnerstag, Freitag, Samstag und Sonntag."

Der neue Schüler ist ein fürchterlicher Angeber. „In meiner alten Schule war ich der Star in der Fußballmannschaft", brüstet er sich vor dem Sportlehrer. „Ich war Mittelstürmer, aber was für einer! Wie viele Tore, schätzen Sie, habe ich in meinem besten Spiel geschossen?" „Ich schätze, halb so viel", meint der Lehrer. „Halb so viel von was?", fragt der neue Schüler. „Halb so viele Tore, wie du mir weismachen willst."

Beim Elternabend. Der Lehrer beschwert sich: „Ihr Sohn hat in letzter Zeit ein wirklich freches Benehmen. Als ich ihn fragte, wer Wilhelm Tell geschrieben hat, sagte er: Ich war es nicht." „Ein bisschen frech war er ja schon immer, aber er ist immer schon ehrlich gewesen. Und wenn er gesagt hat, er war es nicht, dann war er es auch nicht!", antwortet der Vater.

Der Mathelehrer zu Norbert: „Ich gebe dir 12 Äpfel, davon gibst du deinem Bruder die Hälfte ab. Wie viele Äpfel bekommt er?" Norbert: „Drei." „Falsch! Kannst du denn nicht dividieren?" „Ich schon", grinst Norbert, „aber mein kleiner Bruder noch nicht."

Bei einem Schulausflug kann der Lehrer den kleinen See nicht mehr finden, den er den Schülern zeigen wollte. Fragt er einen vorbeikommenden Bauern: „Entschuldigen Sie bitte, aber seit wann ist der schöne See nicht mehr da?" Der Bauer antwortet verdrossen: „Seit ein Frachter mit Löschpapier gesunken ist."

Der Lehrer fragt: „Uli, hör mal zu: Es gibt Millimeter, Zentimeter, Quadratmeter, Kilometer und Kubikmeter. Was gibt es noch?" Uli überlegt eine Weile und sagt: „Siebenmeter beim Handball und Elfmeter beim Fußball!"

Heini fragt den Sportlehrer: „Sagen Sie, was kann ich tun, ich habe so schrecklich kalte Füße?" „Lauf ein bisschen, Heini, dann werden sie schon warm." „Das klappt bestimmt nicht", brummt Heini, „meine Nase läuft schon den ganzen Tag und ist immer noch kalt."

Nach dem Schulausflug aufs Land kehren die ABC-Klässler in einem Gartenlokal ein. Dort stakst ein zahmer Storch herum. Die Mädchen fürchten sich und laufen laut schreiend davon. Lothar bleibt ganz ruhig stehen und sagt zu Werner: „Hab keine Angst, Männern tut er nichts!"

„Was weißt du über Beethoven?", fragt der Musiklehrer den faulen Tom. Dieser antwortet gelangweilt: „Beethoven war so taub, dass er sein Leben lang dachte, er malt."

Die Turnlehrerin fragt Moni: „Was krabbelst du denn da auf dem Boden herum?" „Ich habe etwas verloren." „Was denn?" „Mein Gleichgewicht."

Fragt der Lehrer: „Uli, was ist analog?" „Das ist die Vergangenheitsform von Anna lügt!"

Paul ist wahnsinnig von sich eingenommen. „Mein Gehirn arbeitet wie eine Maschine!", brüstet er sich vor seinem Schulkameraden. „Ich weiß", antwortet dieser. „Aber ein paar Schrauben sind locker."

Die Physiklehrerin: „Wodurch kannst du perspektivisch sehen, Willi?" „Durch meine zwei Augen."

Der Erdkundelehrer zu Pit: „Weißt du, was für ein Klima in Neuseeland herrscht?" Pit: „Ich schätze mal, dort ist es bitterkalt." Der Lehrer: „Völlig falsch! Wie kommst du darauf?" Pit: „Das Lammfleisch, das wir von dort bekommen, ist immer gefroren."

Uli zu Herrn Wedekind: „Du, Vati, wenn ich groß bin, möchte ich Politiker werden!" „Wieso denn? Bei deinem guten Zeugnis kannst du doch auch einen richtigen Beruf wählen."

„Mein großer Bruder arbeitet jetzt in der Fabrik", erzählt Paul dem Lehrer. „Arbeitet er am Band?" „Ach wo, er darf frei herumlaufen."

Paula steht mit dem Geigenkasten vor dem Musikzimmer. Da kommt die Rektorin vorbei und sagt freundlich lächelnd: „Na, Kleine, spielst du Geige?" „Nein", antwortet Paula bockig, „oder hören Sie was?"

Paul schreibt an den Duden-Verlag: „Ser gehrte Damen un Heren im Ferlach, ich muss mich beschwären. Es ist schlescht, dass mann in Ihrem Wörterbuch den Begrif Delewision nicht findet."

Mit seiner kleinen, laut schreienden Schwester auf dem Lenkrad kommt Pit auf den Schulhof gefahren. „Warum nimmst du deine Schwester auf dem Fahrrad mit, wenn sie das offensichtlich nicht will und so laut schreit?", fragt ein Lehrer. „Meine Klingel ist kaputt!"

Im Religionsunterricht wurde von der Hochzeit zu Kanaan gesprochen. „Was ist eine Braut?", fragt die Lehrerin. „Das ist eine Frau, die noch keinen Mann hat, aber schon einen ausprobiert hat."

Der Schulinspektor ist zu Besuch. Er fragt die Schüler eine ganze Menge. Zum Schluss sagt er: „Will jemand auch etwas von mir wissen?" Meldet sich der kleine Willi: „Wann müssen Sie denn in der nächsten Schule sein?"

Treffen sich zwei alte Schulfreunde. „Was arbeitest du?", erkundigt sich der eine. „Ich verteile die Rollen beim Stadttheater." „Boa, das muss doch unheimlich schwer sein!" „Nein, so schwer ist es nun auch wieder nicht, es sind ja nur Klopapierrollen."

„Dein Vater hat doch bisher immer den Schulbus gefahren, wieso tut er das nicht mehr?", fragt der Lehrer den Schüler Tim. „Er hat eine Diebstahlsanzeige bei der Polizei gemacht und deshalb den Führerschein verloren!" „Das gibt's doch gar nicht!" „Doch! Er hat bei der Polizei angerufen und gesagt, man hätte aus seinem Auto das Lenkrad, das Armaturenbrett und das Handschuhfach gestohlen." „Seltsam", wundert sich der Lehrer. „Ja. Und dann hat er noch einmal angerufen und die Anzeige wieder zurückgezogen, weil er aus Versehen hinten eingestiegen sei. Und da hat die Polizei gemerkt, dass er blau wie eine Strandhaubitze war und der Führerschein war weg!"

In der Physikstunde. Der Lehrer sagt: „Jetzt reibt mal eure Hände ganz schnell aneinander. Was bemerkt ihr?" „Lauter schwarze Krümelchen!"

Der Chemielehrer: „Wie kann man feststellen, ob ein Diamant echt ist?" Antwortet Thomas: „Man gibt ihn in ein Wasserstoffgebläse. Verbrennt er, war er echt."

Heino war mit seinen Eltern in den Ferien auf Safari. Zu Schulbeginn erzählt er seinem Freund: „Stell dir vor, ich gehe da so durch die Steppe, denke an nichts Böses, kommt ein Löwe aus dem Gebüsch und will mich fressen. Ich bin um mein Leben gerannt. Plötzlich rutscht der Löwe aus, fällt hin und ist mausetot." „Ach du meine Güte, wie schrecklich. Ich hätte mir vor Angst in die Hosen gemacht." Grinst Heino: „Hab ich auch. Oder was glaubst du, auf was der Löwe ausgerutscht ist?"

Im Biologieunterricht. „Ich würde so gerne wissen, wie lange ein Mensch ohne Hirn überleben kann!", meint Ferdi. Prompte Nachfrage von Uli: „Wie alt bist du denn schon?"

Das Pausenzeichen ertönt und alle rennen zur Tür. „Halt!", ruft die alte Lehrerin, „niemand rührt sich von der Stelle, bevor alle draußen sind!"

„Woher kommt der elektrische Strom?", fragt der Physiklehrer. Prompt meldet sich Moni: „Aus dem Urwald!" „Aus dem Urwald? Wie kommst du denn darauf?" „Heute Morgen ging bei uns das Licht aus und da hat Vati gesagt: Jetzt haben diese Affen schon wieder den Strom abgestellt!"

Fragt der Biologielehrer: „Peter, bist du ein Neandertaler oder ein Homo sapiens?" Antwort: „Ich bin Peter, Herr Lehrer."

Der Sohn des Lokführers kommt nach seinem ersten Schultag nach Hause und zieht eine Schnute. „Was ist los, hat es dir in der Schule nicht gefallen?", fragt die Mutter. „Ach, hör mir bloß auf, das ist ein ganz mieser Verein. Da schreiben die Erste Klasse und wie ist die ausstaffiert? Mit lauter alten, harten Holzbänken!"

Tilli bringt ihre Schildkröte mit in die Schule. Stolz sagt sie zu ihrer Sitznachbarin: „Der Tierhändler hat gesagt, dass meine Schildkröte bis zu zweihundert Jahre alt werden kann." „Na, da bin ich aber gespannt", meint die Schulkameradin.

Ferdi fährt mit dem Omnibus von der Schule nach Hause. Der Bus ist knallvoll, aber er hat den letzten Sitzplatz ergattert. Regt sich eine ältere Frau auf: „Nicht einmal vor grauen Haaren hat die Jugend heute Respekt." Verteidigt sich Ferdi: „Und woher soll ich wissen, dass die nicht gefärbt sind?"

„Glaubst du an ein Weiterleben nach dem Tod?", fragt der Lehrer den frechen Willi. „Wieso?" „Weil deine Großmutter eben angerufen hat, auf deren Beerdigung du gestern warst, statt in der Schule zu erscheinen."

Der Vater will seine Tochter vom Reitunterricht abholen. „Ist meine Tochter schon da?", fragt er den Reitlehrer. „Nein, Ihre Tochter ist noch nicht eingetroffen. Es kann sich aber nur noch um wenige Minuten handeln, ihr Pferd ist schon seit einer halben Stunde da!"

Klagt Uschi ihrer Freundin: „Immer wenn ich auf die Tafel sehe, wird mir ganz schwarz vor Augen."

Fragt der Lehrer: „Wie heißt eigentlich die Göttin der Rache?" Antwortet einer: „Rachitis!"

Die Schulkinder machen mit dem Bus eine Fahrt an die Nordsee. Moni findet eine große Muschel und hält sie ans Ohr. Begeistert ruft sie: „Frau Lehrerin, ich kann das Rauschen der Autobahn hören!"

Vorsichtshalber erst nach der Verteilung der Zeugnisse sagt Willi zum Klassenlehrer: „Herr Lehrer, wissen Sie, wie Sie Ihr Hirn auf Erbsengröße bringen können?" „Nein, Willi, wie denn?" „Indem Sie es aufblasen, Herr Lehrer!"

Der zerstreute Professor darf nicht gestört werden. Er macht ein Experiment. Da stürzt sein Assistent ins Labor und ruft: „Herr Professor, Ihr Schwiegersohn hat eben angerufen. Sie haben einen Enkel bekommen." „Junge oder Mädchen?", fragt der Professor. „Das hat er mir nicht gesagt, Herr Professor!" „Das ist aber dumm", meint der Professor. „Jetzt weiß ich doch gar nicht, ob ich Großvater oder Großmutter geworden bin."

„Uli, wer schreit denn da so fürchterlich laut?" „Och, das ist nur Vati, der erklärt Mutti gerade, wie meine Hausaufgaben gerechnet werden sollen."

Der Lehrer kommt ins Klassenzimmer und schimpft: „Ihr sollt euch doch nicht so weit aus dem Fenster lehnen. Am Ende fällt noch einer hinaus und dann will es wieder keiner gewesen sein!"

„Ich habe immer geglaubt, ich hätte eine glückliche Kindheit", jammert Karlchen. „Und dann, was ist dann passiert?", fragt Tante Elli teilnahmsvoll. „Dann musste ich in die Schule."

Die Lehrerin erklärt: „Der Verbrauch an Toilettenpapier betrug im vergangenen Jahr 3,2 Kilogramm pro Kopf." Wundert sich Petra: „Wieso pro Kopf?"

Wandertag. Der Lehrer erklärt den Schülern, was man beim Wandern beachten muss. Dann stellt er einige Fragen. „Was macht man, wenn plötzlich ein Gewitter aufzieht?", will er wissen. „Dann muss man sich schnell auf den Boden legen!", erklärt Uli. „Ja. Und warum?" „Damit der Blitz glaubt, dass man schon tot ist!"

Nach der Sexualkunde kriegt sich Thomas überhaupt nicht mehr ein. In einem fort schüttelt er den Kopf und murmelt: „Wer hätte das gedacht, wer hätte das gedacht ..." „Was denn?", fragt Anton. „Dass Mädchen so wichtig sind!"

„Ich bin wirklich nicht abergläubisch, aber seit wir 0:13 im Rückstand sind, glaube ich an keine Wunder mehr", stöhnt der Sportlehrer während des Handballspiels.

Der Abiturient und der Schüler aus der Mittelstufe sitzen am Bach und waschen sich die Füße. „Mann, hast du aber dreckige Quanten", staunt der Mittelstufler. „Dagegen sind meine ja direkt sauber!" „Kunststück", sagt der Abiturient, „du bist ja auch drei Jahre jünger."

Uschi zu ihrer Schulfreundin: „Mensch, stell dir vor, ich habe gestern im Fernsehen gesehen, dass sich ein blinder Passagier auf einem Kreuzfahrtschiff eingeschmuggelt hat und die ganze Reise in die Karibik kostenlos mitmachen konnte." Meint Moni: „Nur traurig für ihn, dass er blind war."

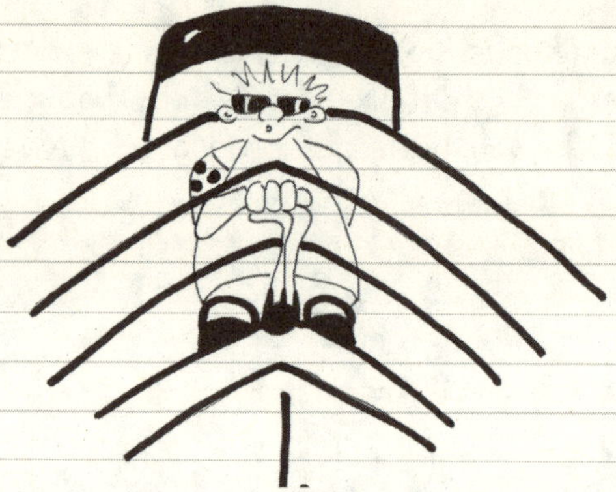

Der Lehrer ist mit der Schulklasse im Zoo. Vor dem Zebragehege bleibt er mit den Schulkindern stehen. Deutet Fritzchen auf eines der Tiere und fragt: „Ist das ein weibliches oder ein männliches Zebra?" Antwortet der Lehrer: „Das sollte eigentlich nur ein anderes Zebra interessieren!"

„Wie stellt ihr euch eure Zukunft vor?", fragt die Lehrerin. Meldet sich Fritzchen: „Wenn ich groß bin, will ich ein großes Haus haben, allerdings unbedingt ohne Badewanne." „Wieso denn ohne Badewanne?", fragt die Lehrerin. „Weil ich stinkreich werden will."

Die Lehrerin erzählt vom Privatleben großer Männer. „Ausgerechnet Morse und Bell, die Erfinder von Telegraf und Telefon, haben taubstumme Frauen geheiratet. Was kann man daraus schließen?" „Dass man zu vielem fähig ist, wenn man seine Ruhe hat."

Am letzten Schultag ist der Fotograf da. Die Schüler sollen sich zu einem Gruppenbild aufstellen. „Denkt doch nur, wie schön das ist, wenn ihr in dreißig Jahren dieses Bild anschaut und sagen könnt: Das ist Fritz Müller, der ist heute Diplom-Kaufmann, das ist Bärbel Schäfer, die ist heute Fernseh-Moderatorin und das da ist Peter Becker, der ist heute Schönheitschirurg", meint der Lehrer. Tönt es von der letzten Reihe: „Und das da ist unser Lehrer, der ist heute ein Gerippe."

Der Biologielehrer führt ein Experiment vor. Zwei Gläser stehen auf dem Tisch, in jedem ist ein Wurm. Das eine Glas wird mit Wasser gefüllt, das andere mit Alkohol. Was passiert? Der Wurm im Wasserglas ist putzmunter, der im Glas mit Alkohol ist mausetot. „Was lernen wir daraus?", fragt der Lehrer. Meldet sich Thomas: „Wer säuft, kriegt keine Würmer!"

Erster Schultag nach den großen Ferien. Die Lehrerin fragt, wo die Kinder überall waren. Meldet sich Paulchen: „Wir waren in Delphi, Korinth, Makedonien, Istanbul, Saloniki und auf der

Peleponnes!" „Super, Paulchen, da kennst du dich ja jetzt toll in Geografie aus!", meint der Lehrer. „Stimmt ja! In Geografie waren wir auch!"

„Wenn ich in meiner Jugend so stinkfaul gewesen wäre wie du, wäre ich nie zu dem Vermögen gekommen, das ich heute besitze", schimpft der Vater mit seinem Sohn. „Aber das hast du doch von Onkel Theodor geerbt!", empört sich der Sohn. „Ja, schon, aber unterschätze die Mühe nicht, die es gemacht hat, ihn zu überzeugen, mich als Alleinerbe einzusetzen."

Im Biologieunterricht. Moni berichtet: „Gestern habe ich zwei männliche und zwei weibliche Fliegen gesehen." „Aber Moni, das kann man doch gar nicht unterscheiden", sagt die Lehrerin. „Doch, das kann man. Zwei saßen am Spiegel und zwei am Bierglas."

Karl-Heinz hat ein hundsmiserables Zeugnis. Die einzige gute Note hat er im Fach Singen. „Das versteh ich wirklich nicht, wie man bei solchen Noten noch singen kann!", wundert sich der Vater.

„Sie haben aber schöne Zähne", schmeichelt Markus der neuen Lehrerin. „Gibt's die auch in Weiß?"

„Ich hoffe, dass ich dich in Zukunft nicht mehr beim Abschreiben erwische", schimpft der Lehrer. Darauf der Schüler: „Das hoffe ich auch."

Die Lehrerin fragt: „In welcher Schlacht wurde Karl der Kühne getötet?" Moni antwortet: „In seiner letzten."

Franziska erzählt ihren Schulkameraden, dass sie beim Zahnarzt war. „Hat es wehgetan?", fragt einer teilnahmsvoll. „Ja, aber ich habe die Zähne ganz fest zusammengebissen."

In der Sportstunde liegen die Kinder auf dem Rücken und strampeln mit den Beinen. Sie sollen so tun, als ob sie Rad fahren. Alle machen mit Eifer mit, nur Willi nicht. „Willi, was lässt du deine Beine so faul herumliegen?", fragt der Lehrer sauer. „Von wegen faul! Ich rase gerade mit dem Freilauf den Berg hinunter!"

„Vati, Vati", ruft Fabian, „dieses Jahr brauchst du mir wieder keine neuen Schulbücher zu kaufen!"

„Na, wie gefällt es dir denn in der Schule?", fragt Tante Gretchen die kleine Sandra. „Eigentlich ganz gut", sagt diese, „aber es ist schon doof, dass der Lehrer so gar keine Ahnung hat. Dauernd stellt er Fragen!"

Uli bekommt seinen ersten Füllfederhalter geschenkt. „Schreibt der denn auch unter Wasser?", fragt Uli seinen Onkel Herbert. „Aber ja doch, und alle anderen Wörter auch."

„Wie kann man eigentlich das Alter von Hühnern feststellen?" „An den Zähnen!" „Unsinn, Hühner haben doch keine Zähne!" „Richtig, aber wir."

Monika ist glücklich. „Frau Lehrerin, ich habe einen ganz wertvollen Ring gefunden!" „Ja, bringst du ihn denn nicht ins Fundbüro?" „Nein, warum? In dem Ring steht Auf ewig dein!"

Der Nachbar beschwert sich beim Lehrer: „Es ist zum Aus-der-Haut-fahren! Zehn von Ihren Schülern sitzen bei mir im

Apfelbaum!" Antwortet der Lehrer: „Ach du meine Güte, nur zehn, wo sind denn bloß die anderen?"

Tobias fährt auf dem Schulweg einen Fußgänger an. „Zum Donnerwetter, kannst du nicht aufpassen? Gestern hast du mich schon einmal angefahren", schimpft der Passant. „Oh Verzeihung, ich habe Sie nicht wiedererkannt", entschuldigt sich Tobias.

In der ersten Klasse wird über die verschiedenen Handwerksberufe gesprochen. Die Lehrerin fragt: „Was macht der Maurer?" „Verputzen", antwortet Peter. „Und was macht der Elektriker?" „Elektroanschlüsse", sagt Moni. „Und was macht der Bäcker?" „Tennis spielen!", ruft Paulchen.

Frau Wedekind ist ganz enttäuscht. „Ich habe schon wieder keine einzige richtige Zahl im Lotto!" Antwortet Uli tröstend: „Macht nichts! Mir ging es heute in der Mathestunde genauso!"

Stolz erzählt Susanne der Lehrerin: „Ich habe einen kleinen Bruder bekommen!" „Das ist aber schön. Schick deiner Mutti doch eine Glückwunschkarte ins Krankenhaus", meint die Lehrerin. „Zu spät, Mutti weiß es schon!"

Beim Psychiater klingelt das Telefon. Am Apparat ist ein Kind. „Mir macht die Schule riesigen Spaß. Können Sie mir vielleicht helfen? Ich glaube, ich bin nicht ganz normal!"

„Du stinkst ja fürchterlich", beschwert sich der Lehrer bei einem schmuddeligen Schüler. „Kannst du dich nicht mal baden?" „Nö, geht nicht", murmelt der, „mein Reißverschluss klemmt."

Im Schullandheim, die Schüler gehen zu Bett. „Dürfen wir noch lesen, bis wir einschlafen?", fragen sie die Lehrerin. „Ja, aber keine Minute länger!"

Beschwert sich ein Vater bei dem anderen: „Also, dass Ihr Sohn von meinem Sohn abschreibt, ist mir egal. Aber dass er ihn verprügelt, wenn die Lösungen falsch sind, das geht mir entschieden zu weit!"

Pit bohrt sich ganz versonnen in der Nase. Das sieht die Lehrerin: „Pfui, Pit, man bohrt sich nicht mit dem Finger in der Nase!" Antwortet Pit: „Ach ja, mit was denn sonst?"

Erkundigt sich die Lehrerin bei Albert: „Wie geht es deinem Vater?" „Zurzeit hat er Probleme. Diese Woche hatte er bereits zwei Schlaganfälle." „Um Gottes willen, das kann ich gar nicht glauben!" „Das können Sie aber, Sie brauchen sich nur mal meinen blauen Hintern anzuschauen."

Der Lehrer: „Bitte bildet Sätze, in denen Wörter vorkommen, die gleich lauten, sich aber im Wortsinn unterscheiden. Bitte fang du an, Marga!" „Wir wagen mit dem Wagen zu fahren." „Gut! Und jetzt du, Fritz!" „Die Sonnenanbeter legen sich heute auf ihre faulen Häute." „Gut! Und du, Gerda?" „Meine großen Brüder sind beide bei de Bundeswehr."

„Wer weiß, wann Kolumbus Amerika gefunden hat?" Fritzchen: „Ach ja, ich wusste gar nicht, dass es verloren gegangen war!"

Zwei Schülerinnen unterhalten sich. Sagt die eine: „Heute früh habe ich auf unserer Loggia eine Schachtel mit Antibabypillen gefunden." Fragt die andere: „Was ist eine Loggia?"

„Also, Jens, wie siehst du denn aus! Du bist ja schon wieder ungekämmt!", tadelt die Lehrerin. „Keinen Kamm." „Nimm den Kamm deines Vaters!" „Keine Haare!"

Ernesto beim Nachtgebet: „Lieber Gott, mach, dass Basel die Hauptstadt von Österreich ist!" Darauf die Mutter: „Warum soll denn Basel die Hauptstadt von Österreich sein?" „Weil ich das heute in der Erdkundearbeit geschrieben habe."

Moni erzählt vom Klassenausflug in den Zoo. „Stell dir vor, Vati, da war ein Affe, der war genauso groß wie du!" „Unsinn", antwortet der Vater, „so einen großen Affen wie mich gibt es doch überhaupt nicht!"

Nach der Schule fragt der Lehrer den kleinen Peter: „Warum hat sich dein Vater eigentlich einen Abschleppwagen gekauft?" „Den braucht er für seinen neuen Job", erklärt Peter, „er ist nämlich Rausschmeißer im Autokino."

Der ABC-Schüler im Fotogeschäft: „Ich brauche Passbilder für meinen Schülerausweis." Fragt die Verkäuferin: „Möchtest du sie gleich mitnehmen?" „Ach, das ist ja toll, Sie haben sie vorrätig!"

Der Lehrer fragt im Unterricht: „Wer kann mir sagen, was Seuchen sind?" „Ich", meldet sich Uli, „Säuchen sind kleine Schweine!"

Der Lehrer: „Aus welchem Land kommst du?" Der Schüler: „Aus der Türkei." Der Lehrer schreibt Türkei an die Tafel und fragt weiter: „Und aus welchem Landesteil?" Der Schüler: „Aus Anatolien." Der Lehrer schreibt Anatolien an die Tafel und fragt weiter: „Und aus welcher Stadt oder welchem Ort kommst du?" Der Schüler: „Beysehirgölü." Der Lehrer will das an die Tafel schreiben, zögert und fragt stattdessen: „Ach, schön, und seit wann bist du in Deutschland?"

Fragt der Religionslehrer: „Wenn ein Bauer seinen Esel verprügelt und ich für den Esel eintrete, was ist das?" „Ein klarer Fall von Bruderliebe", antwortet Paulchen.

„Heute bleibe ich lieber zu Hause, ich fühle mich nicht sonderlich wohl", sagt Moni beim Frühstück. „Und wo fühlst du dich nicht wohl?" „Na, in der Schule!"

„Was habt ihr denn heute in Chemie gelernt?" „Wir haben Sprengstoff hergestellt." „Und was macht ihr morgen in der Schule?" „In welcher Schule?"

Uli fragt Peter: „Weißt du eigentlich, wie die Nonnen zählen?" „Nein!" „Eins, zwei, drei, vier, fünf, igitt, sieben, acht, neun, zehn."

Der Lehrer fragt die Erstklässler: „Wer von euch weiß, was wir bekommen, wenn die Milchzähne ausgefallen sind?" „Kaffeezähne!", ruft Petra.

Tante Berta ist auf Besuch und will wissen, wie es ihrer Nichte in der Schule geht. „Es geht", meint Lisa, „unsere Lehrerin behandelt uns wie rohe Eier." „Das ist prima, da habt ihr ja großes Glück!" „Was heißt hier Glück?", mault Lisa. „Dauernd haut sie uns in die Pfanne!"

Rechenstunde. „Eine einfache Aufgabe, Peter", sagt der Lehrer, „wenn du zwanzig Euro in der Hosentasche hast und unterwegs zwei Euro verlierst, was hast du dann in deiner Tasche?" „Ein Loch", antwortet Peter.

Die Lehrerin schreibt das Wort Magie an die Tafel. „Babsi, kannst du mir sagen, was das bedeutet?" „Was das bedeutet, weiß ich nicht. Aber zu Hause geben wir es immer in die Suppe!", antwortet Babsi.

Im Chemieunterricht fragt die Lehrerin: „Was ist das Beste, das uns die Chemie gebracht hat?" Uli aus der letzten Reihe: „Blondinen!"

Beim ersten Elternsprechtag sagt die Lehrerin zu Frau Piefke: „Ich denke, Sie sind zu streng mit Ihrem Sohn Tommi." „Wie kommen Sie denn darauf?", erbost sich Frau Piefke. „Als ich ihn nach seinem Namen gefragt habe, sagte er: „Ich heiße Tommi lass das!"

Der Lehrer: „Wer hat Amerika entdeckt?" Willi: „George Washington!" Der Lehrer: „Hat jemand ein besseres Angebot?" Paul: „Größer oder kleiner?"

„Man soll nie mit dem Finger auf jemanden zeigen", sagt die Lehrerin. „Ja, aber wieso heißt der Finger dann Zeigefinger?", fragt Petra ratlos.

„Karl", fragt der Mathelehrer, „wie viel ist 2 und 2?" „4." „Gut. Und wie viel ist 4 und 4?" „8." „Prima. Und was kommt nach 8?" „Die Tagesschau", antwortet Karl.

„Na, wie heißt du denn, mein Junge?", fragt der Lehrer. „Uli Wedekind, Lehrer." „Es gehört sich aber, dass man Herr sagt." „Von mir aus, dann eben Herr Uli Wedekind, Lehrer!"

„Hallo, Uli, ich habe gehört, dass du ein Schwesterchen bekommen hast. Wie heißt denn die Kleine?", fragt die Lehrerin. „Das wissen wir noch nicht", antwortet Uli, „es spricht noch so undeutlich!"

Sagt ein dicker Schüler zu einem dünnen: „He, Dünner, wenn man dich so ansieht, dann könnte man meinen, eine schlimme Hungersnot sei ausgebrochen." „Und wenn man dich so ansieht", antwortet der Dünne schlagfertig, „könnte man meinen, dass du daran schuld bist."

„Wenn ich einen Kriminalroman lese, bin ich immer ganz gefesselt." „Sag mal, stört dich denn das nicht beim Umblättern?"

Bei der Prüfung ist Moni übernervös. „Warum bist du denn bloß so aufgeregt?", fragt der Lehrer. „Hast du denn Angst vor den Fragen?" „Vor Ihren Fragen habe ich keine Angst, eher vor meinen Antworten."

„Vati, haben Schlangen eigentlich einen Schwanz?" „Na klar, das ist doch das Einzige, was sie haben."

„Du solltest Elektriker werden, deine Leitung ist so lang!" „Und du solltest Maurer werden, denn dir ist noch nie was eingefallen!"

„Treibst du Sport?" „Ja, ich sammle Briefmarken." „Aber, das ist doch kein Sport!" „Doch, ich sammle ja nur Olympiabriefmarken!"

Zwei ehemalige Schulkameraden treffen sich: „Was machst du denn so?", fragt der eine. „Ich stemple die Briefe bei der Post." „Ist das nicht eine schrecklich eintönige Arbeit?" „Nö, jeden Tag gibt es doch ein neues Datum!"

„Vati, heute haben wir in der Schule gelernt, dass der Mensch nur ein Drittel seines Gehirns benutzt", sagt Evi. „Eigenartig", brummt Vati, „und was macht er mit dem anderen Drittel?"

Der Schularzt war da. Fragt der Lehrer: „Na, Uli, weißt du denn auch, wogegen dich der Doktor eben geimpft hat?" „Allerdings, gegen meinen Willen!"

„Wenn ihr nicht mit mir ins Kino geht", droht Uli seinen Eltern, „dann erzähle ich meinen Schulkameraden, was Vati wirklich verdient und wie alt Mutti tatsächlich ist."

Der Deutschlehrer sagt: „Eure Hausaufgabe: Schreibt doch bitte auf, wie sich eure Einstellung zu Büchern durch den Unterricht geändert hat." Timmi schreibt: „Nichts hat sich geändert. Das Lesen macht mir aber trotzdem noch Spaß!"

Der Lehrer sagt im Biologieunterricht: „Heute machen wir ein Experiment mit einem Frosch. Deswegen habe ich extra einen mitgebracht." Er greift in seine Aktentasche, holt ein Päckchen heraus und wickelt es aus. Vor ihm liegt ein belegtes Brötchen. „Was ist denn das?", meint er erstaunt. „Ich weiß doch ganz genau, dass ich mein Frühstück schon gegessen habe!"

Frau Meier verlangt im Spielzeuggeschäft ein besonders schwieriges Puzzle für ihren superintelligenten Sohn. Die Verkäuferin bringt alles heran, was es gibt, aber nichts ist recht. Schließlich reicht es der Verkäuferin: „Darf ich Ihnen einen Tipp geben? Am besten Sie kaufen eine Tüte Semmelbrösel und ihr Sohnemann kann ja versuchen, daraus ein Brötchen zusammenzusetzen!"

Der Deutschlehrer tadelt: „Fritz, in deinem Diktat habe ich 20 dicke Fehler gefunden. Wie kannst du dir das erklären?" Darauf Fritz: „Eigentlich nur so: Wer suchet, der findet."

Uli kommt von der Schule und erzählt: „Wir haben eine neue Lehrerin, die sieht toll aus und ist besonders fromm!" „Wieso fromm?" „Immer, wenn sie mich was fragt und ich ihr antworte, sagt sie: Oh, mein Gott!"

Die Mutter ärgert sich mal wieder über Uli: „Was würde dein Lehrer wohl sagen, wenn er erleben könnte, wie ungezogen du schon wieder bist?" „Ach, der würde sagen, ich soll mich anständig benehmen, denn ich wäre ja hier nicht zu Hause."

„Was ist der Unterschied zwischen einem Menschen und einem Huhn?" „Dem Menschen genügt ein halbes Hühnchen."

Der Lehrer erzählt den Schülern, dass Amerika vor etwa 500 Jahren entdeckt wurde. Da meldet sich Evi: „Das kann überhaupt nicht stimmen. In Amerika gibt es nämlich Bäume, die sind schon über 1 000 Jahre alt!"

Letzte Schulstunde vor den Sommerferien. Fröhlich kommt Moni nach Hause: „Mutti, nach den Ferien lernen wir Englisch, Französisch, Latein und Algebra!" Die Mutter ist schwer beeindruckt: „Toll, und weißt du schon, wie Guten Tag auf Algebra heißt?"

In der Mathestunde fragt der Lehrer: „Stellt euch vor, eine Mutter will neun Äpfel an ihre sechs Kinder verteilen – wie stellt sie das an?" „Ganz einfach, sie macht Apfelmus daraus!"

Heulend sagt Moni zum Lehrer: „Ich bin auch nicht immer mit Ihnen zufrieden. Aber beschwere ich mich deswegen jedes Mal bei Ihren Eltern?"

„Vati, einen schönen Gruß vom Lehrer. Ich soll dir ausrichten, dass morgen im kleinen Kreis Elternabend ist." „Weshalb denn nur im kleinen Kreis?" „Na ja, der Lehrer und du."

„Man darf Tiere niemals küssen", sagt der Biologielehrer, „das ist sehr gefährlich wegen der Krankheiten, die dabei übertragen werden können. Kann mir jemand von euch ein Beispiel nennen?" „Meine Tante Dorle hat immer ihren Hund geküsst." „Nun, und was ist passiert?" „Der arme Hund ist eingegangen."

Uli kommt in Vatis Arbeitszimmer und sagt: „Hier, ich habe deine Steuererklärung fertig. Wie weit bist du eigentlich mit meinen Hausaufgaben?"

Fragt der Lehrer im Erdkundeunterricht: „Wo gibt es Oasen?" „In der Wüste", sagt Moni. „Gut, und von wem werden sie bewohnt?" „Na, von den Wüstlingen!"

Klassenreise in den Schwarzwald. Übernachtet wird in der Jugendherberge. Kevin beschwert sich beim Lehrer: „Ich will nicht unter dem Hansi im Stockbett liegen." „Ja, warum denn nicht?", fragt der Lehrer. „Der Hansi ist ein Bettnässer!" „So, so, ist das auch schon bis zu dir durchgesickert?"

Uli schwimmt im Hallenbad und hat eine furchtbar dicke Backe. „Oh je, was hast du denn gemacht?", fragt sein Freund mitleidig. „Zahnschmerzen?" „Ach wo, gestern hat mir einer die Seife geklaut. Das passiert mir heute nicht!"

Die Lehrerin fragt: „Wenn ich ein Stück Papier in vier Teile zerreiße, dann habe ich Viertel, wenn ich es in acht Teile zerreiße,

Achtel. Was habe ich, wenn ich es in hundert Teile zerreiße?"
„Ziemlich viel Konfetti", antwortet Uli.

„Sprichwörter haben fast immer einen tiefen Sinn", sagt die Deutschlehrerin. „Zum Beispiel: Was Hänschen nicht lernt, lernt Hans nimmermehr. Oder: Viele Köche verderben den Brei. Kann mir jemand ein Sprichwort nennen, das für die Schule passt?" Meldet sich Willi: „Ein Narr fragt mehr, als zehn Weise beantworten können."

„Wie lässt sich beweisen, dass die Erde rund ist?", fragt der Erdkundelehrer. Meldet sich Tobias und grinst wie ein Honigkuchenpferd: „Das ist ganz einfach, Herr Lehrer. Schauen Sie sich doch nur mal Ihre Absätze an – die sind immer nur auf einer Seite schief getreten."

„Kannst du schon schwimmen?", fragt der Sportlehrer den kleinen Hansi. „Klar doch!" „Und wo hast du das gelernt?" „Im Wasser natürlich!"

Die Lehrerin gibt Moni eine schwere Rechenaufgabe: „Denk dir, du wohnst im Hochhaus im achten Stock. Zwischen jedem Stock sind zwanzig Stufen und unten in der Eingangshalle sind es nochmals acht Stufen. Wie viele Stufen musst du hinaufsteigen, wenn du zu eurer Wohnung willst?" „Ist doch klar, alle!"

Der Lehrer zu Uli: „Wie stellst du dir die ideale Schule vor?" Uli: „Geschlossen!"

Über die Abiturabschlussfeier schreibt die Presse: „Was die Harfenspielerin angeht: Oft ist der verzweifelte Kampf des Menschen mit dem Drahtgitter schon um einiges besser dargestellt worden ..."

„Wie heißt die Zukunft von ich heirate?", fragt die Lehrerin in Hollywood. „Ich lasse mich scheiden", antwortet die kleine Tochter eines Filmstars.

„Sag mal, hältst du mich eigentlich für einen vollkommenen Idioten?", fragt der Lehrer erbost, nachdem Uli ihm schon wieder eine patzige Antwort gegeben hat. Antwortet Uli grinsend: „Nein, vollkommen ist schließlich keiner."

„Mein Vater ist ein Zauberkünstler!", behauptet Norbert auf dem Schulhof. „Ehrlich?" „Ja, abends geht er mit dem Hund aus dem Haus und am nächsten Morgen kommt er mit einem dicken Kater zurück!"

Zwei Schulfreunde treffen sich nach vielen Jahren wieder. Fragt der eine: „Hat deine Schwester eigentlich ihre tolle Figur behalten?" „Was heißt behalten? Sie hat sie sogar verdoppelt!"

„Es ist nicht ausgeschlossen, dass der Mond bewohnt ist", erzählt die Lehrerin. Meint Moni: „Ach du meine Güte, stellt euch mal das Gedränge bei Halbmond vor!"

„Schmeckt der Daumen noch?", fragt Tante Dorle spöttisch ihre Nichte Moni, die immerhin schon in die zweite Klasse geht. „Nein", entgegnet Moni, „aber er macht wenigstens nicht dick!"

Uli will seinen Schulkameraden besuchen. Nachdem er geklingelt hat, kommt von drinnen die Stimme seines Freundes: „Bei uns ist keiner zu Hause." Antwortet Uli: „Na, wie gut, dass ich nicht gekommen bin."

Der Schulfilm wird in der Klasse nachbesprochen. „Ihr habt gesehen, wie aus dem Krater des Vesuv die glühende Lava strömte", sagt der Lehrer. „Und dennoch ist vulkanischer Boden äußerst fruchtbar. Wie heißt der Wein, der am Vesuv gedeiht?" Uli meldet sich: „Der heißt Glühwein."

„Was ist weiter entfernt von uns, Amerika oder der Mond?" „Amerika, Herr Lehrer!" „Wieso nicht der Mond?" „Den kann ich sehen, Amerika aber nicht!"

„Du, Vati, was ist relativ?" „Wenn man nur vier Flaschen im Keller hat, dann ist das relativ wenig. Dagegen sind vier Flaschen in einer Fußballmannschaft relativ viel."

Uli sitzt in der U-Bahn und seine Nase tropft fürchterlich. Eine Weile schaut sich das die Dame gegenüber an, dann fragt sie: „Hast du denn kein Taschentuch?" „Doch", antwortet Uli, „aber das kriegen Sie nicht."

Der Lehrer unterrichtet die ABC-Schützen. Er fragt: „Moni, nenne mir acht Dinge, die Milch enthalten!" Moni: „Pudding, Käse, Quark, Joghurt, Rahm, Schokolade und ... äh ... zwei Kühe!"

Der neue Lehrer kennt sich in der Stadt noch nicht aus. Auf dem Weg zur Schule trifft er einen Jungen mit Schulranzen. „Du gehst doch bestimmt zur Sophienschule. Kannst du mir den kürzesten Weg dorthin zeigen?" „Wenn es unbedingt sein muss", antwortet der Schüler. „Aber folgen Sie mir unauffällig, ich kriege nämlich sonst Ärger in der Schule."

Heiner ist stinkfaul. Zur Strafe muss er einen Aufsatz über die Faulheit schreiben. Am nächsten Tag gibt er sein Heft ab, es ist völlig leer, nur auf der letzten Seite steht: „Das ist Faulheit."

Der Lehrer fragt Uli: „Was stellst du dir unter einer Hängebrücke vor?" „Wasser, viel Wasser."

„Hör auf zu jammern", sagt der Zahnarzt zu Uli, „ich habe doch noch gar nicht gebohrt!" „Stimmt, aber Sie stehen auf meinem Fuß!"

Der Lehrer: „Kann mir einer sagen, wo der Satz ‚Da werden Weiber zu Hyänen' vorkommt?" Antwortet Petra: „Das kommt in den besten Familien vor."

Oma ist schwerhörig. Eines Tages sitzt sie auf einer Bank im Park. Da kommt Sara auf dem Schulweg vorbei und sagt: „Die Bank ist frisch gestrichen." „Wie?", fragt die Oma. „Blau", sagt Sara und geht weiter.

Oma Wina kommt auf die Bank: „Einen schönen neuen Zwanziger, bitte. Ich möchte ihn meinem Neffen für sein gutes Zeugnis schenken." „Gern", sagt der Kassierer, „soll ich den Preis gleich abmachen?"

Monika malt für ihr Leben gern. Heute ist sie mit ihrer Schulfreundin im Zoo und malt einen riesengroßen Elefanten. Voller Stolz zeigt sie ihrer Freundin das Kunstwerk und fragt: „Sollte ich das nicht dem Elefanten auch mal zeigen?" „Nein, besser nicht. Elefanten sollen sehr empfindlich und nachtragend sein!"

Der Chemielehrer: „Welches Metall löst sich nicht auf, wenn man es in Säure wirft?" Meldet sich Ferdinand: „Das ist Gold!" „Richtig, Ferdinand. Und warum nicht?" „Weil niemand so bescheuert ist und Gold in Säure wirft!"

„Kann man für etwas bestraft werden, was man nicht gemacht hat?", fragt Uli den Lehrer. „Nein, das wäre sehr ungerecht." „Na, dann ist 's ja gut", seufzt Uli erleichtert, „ich habe nämlich meine Hausaufgaben nicht gemacht."

Uli im Zoogeschäft: „Guten Tag, haben Sie sprechende Papageien?" „Nein, aber wir haben einen ganz besonders schönen Specht." „Aber ein Specht kann doch gar nicht sprechen!" „Nein, aber sehr gut morsen."

Einbrecher-Paul sitzt vor der Glotze. Die Ansagerin verkündet einen Krimi. „Schnell, Sohn, komm her", ruft er seinem Sohn zu, „es gibt Schulfernsehen!"

Auf der Kreuzung vor der Schule steht ein Schupo. Mit der rechten Hand regelt er den Verkehr, mit der linken kratzt er sich am Kopf. Uli sieht das und ruft dem Schupo zu: „He, Herr Wachtmeister, Sie haben einen Floh, den sollten Sie verhaften, wegen Beamtenbestechung!"

Uli kommt von der Schule nach Hause. „Mutti, stell dir vor, nächste Woche bekommen wir alle eine Enzyklopädie!" „Ach, du liebes bisschen, dann werden wir dich gleich dagegen impfen lassen!"

Im Deutschunterricht wird über berühmte Dichter gesprochen. Meldet sich Sven: „Herr Lehrer, gestern saßen ganz viele Dichter bei uns im Bus." „Woher willst du das wissen?", fragt der Lehrer. „Der Busfahrer hat gerufen: ‚Alle dichter zusammenrücken!'"

„Ich war schon als kleines Kind sehr intelligent, ich konnte schon mit neun Monaten laufen", prahlt Thomas auf dem Schulhof. „Das nennst du intelligent? Ich habe mich mit vier Jahren noch tragen lassen."

„Heute werde ich euch erzählen, wie der erste Mensch erschaffen wurde", beginnt der Lehrer seinen Vortrag. Meldet sich Uli: „Herr Lehrer, uns würde vielmehr interessieren, wie der dritte Mensch geschaffen wurde."

Der Lehrer zu Herrn Müller: „Ihr Sohn Dieter macht ständig einen verschlafenen Eindruck!" „Ach, das sind die Talente, die tief in ihm schlummern!"

Der Lehrer erklärt im Biologieunterricht, wie die Vögel Brutpflege betreiben. „Die Adlereltern zum Beispiel sind den ganzen Tag unterwegs, um ihren Jungen genügend Futter zu bringen." „Typisch!", ruft Anni. „Wie immer werden die Jungen bevorzugt und die Mädchen schauen in die Röhre!"

„Dein Zeugnis ist hundsmiserabel, Uli. Was soll ich bloß dazu sagen?" „Was du früher auch immer gesagt hast, Mutti!" „Und das war?" „Hauptsache, du bist gesund, mein kleiner Schatz!"

Uli ist bei den Hausaufgaben. Er soll einen Aufsatz in Französisch schreiben. Da fragt er seinen Vater: „Heißt das eigentlich le cœur oder la cœur?" Darauf der Vater: „Du hast schon wieder nicht aufgepasst! Das heißt natürlich Likör!"

„Na, Peter, was hat deine Schwester denn von dir zu Weihnachten bekommen?", will die Lehrerin wissen. „Die Masern."

Die Lehrerin: „Die Silbe un zu Beginn eines Wortes bedeutet meistens etwas Unangenehmes. Wer kann mir ein Beispiel nennen?" „Unterricht."

„Haben Sie auch Klavierstücke?", fragt Uli im Musikfachgeschäft. „Nein, wir führen nur ganze Klaviere!"

Beim Schulausflug ins Gebirge. „Wieso liegen denn da so viele Steine im ausgetrockneten Bachbett?", fragt Moni. „Die hat der Bach mit sich heruntergebracht." „Und wo ist der Bach jetzt?" „Der wird oben sein und neue Steine holen."

Theo kommt von der Schule heim und erzählt aufgeregt: „Stell dir vor, in der Schule hat mich heute ein Floh gebissen." „Das gibt's doch gar nicht", meint die Mutter, „das war bestimmt ein

Irrtum." Als der Vater nach Hause kommt, erzählt ihm Theo: „Stell dir vor, in der Schule hat mich heute ein Irrtum gebissen!"

„Wann hast du denn bemerkt, dass du so starken Durchfall hast?", fragt der Lehrer besorgt. Antwortet Uli: „Als ich im Schulhof vom Fahrrad abstieg und die Hosenklammern entfernte!"

Theo hat wieder einmal ein schauderhaftes Zeugnis. Der Vater ist wütend und brüllt: „Wenn du nur ein bisschen Ehrgeiz hättest, könntest du der beste Schüler der ganzen Klasse sein!" „Und wie ist das mit dir in der Firma?", fragt Theo. „Bekommst du dort etwa das höchste Gehalt?"

„Da sieht man mal wieder, was für Märchen die Zeitungen schreiben", schimpft Moni. „Hier wird von einer Frau in England berichtet, die über tausend Pfund verloren hätte. So dicke Frauen gibt es doch gar nicht!"

Lehrer: „Was ist eine Mumie?" Schüler: „Eine eingemachte Königin."

„Junge, wer hat dich so übel zugerichtet?" fragt die Mutter, als Uli von der Schule heimkommt. „Wir haben da einen neuen Schulkameraden, der wusste nicht, dass ich der Stärkste in der Klasse bin!"

Onkel Herbert erkundigt sich nach der Schule. „Ich bin die Erste in Mathe", sagt Moni. „Na großartig, und du, Uli?" „Ich bin der Erste, wenn es klingelt!"

Claudia kommt von der Schule nach Hause. „Manno", klagt sie, „ich habe furchtbare Magenschmerzen." „Das ist nichts Ernstes", tröstet die Mutter. „Das kommt, weil du nichts im Magen hast." Am Abend kommt der Vater vom Büro nach Hause. „Meine Güte", jammert er, „was habe ich für Kopfschmerzen!"

Der Lehrer hat endgültig die Nase voll von Charlys Dummheiten und Frechheiten. Er schreibt einen erbosten Brief an die Eltern. „Charly!", brüllt der Vater. „Komm sofort her! Dein Lehrer schreibt, er sei vollkommen außer Stande, dir auch nur das Geringste beizubringen! Das ist einfach unerhört!" „Das finde ich auch", sagt Charly, „so schlechte Lehrer sollte man entlassen!"

Der Lehrer fragt: „Warum haben Fische Schuppen?" Moni meldet sich: „Weil sie sich nicht pflegen und nichts dagegen tun. Heutzutage muss keiner mehr Schuppen haben."

Moni geht in die Drogerie und verlangt zwei Rollen Klopapier. Die Verkäuferin verbessert sie: „Du meinst wohl Toilettenpapier?" „Also gut, dann eben Toilettenpapier! Geben Sie mir bitte noch ein Stück Seife dazu", antwortet Moni. Fragt die Verkäuferin: „Soll es Toilettenseife sein?" „Nein, ich will mir eigentlich das Gesicht damit waschen."

Der Lehrer fragt: „Wer weiß ein Beispiel für Umweltverschmutzung?" Uli: „Die Sardinendose. Voll mit Öl und sämtliche Fische tot!"

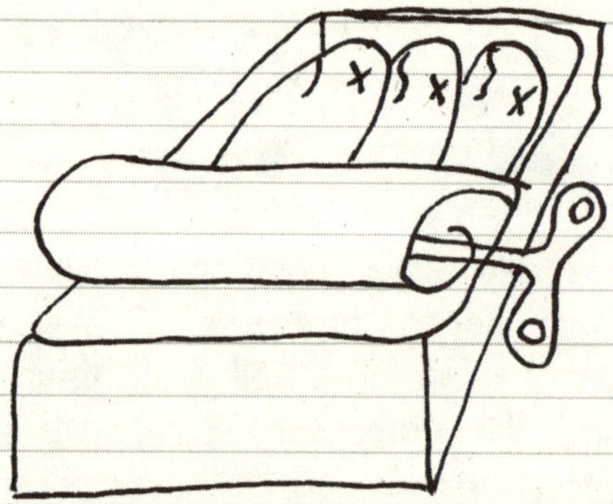

Es gab mal wieder Zeugnisse und wieder mal ist Peters Zeugnis eine Katastrophe. Der Vater sagt: „Du, Pit, du weißt, ich vertraue auf deine Intelligenz. In Zukunft bekommst du für jede gute Note zehn Euro." Pit ist natürlich sofort einverstanden. Am nächsten Tag geht er in der Pause zu der jungen Lehrerin und flüstert ihr vertraulich zu: „Ich hätte da ein Angebot. Haben Sie Lust, sich ab und zu ein paar Euro dazuzuverdienen?"

Karlchen kann seine neue Schule nicht finden. Er fragt einen Passanten: „Entschuldigen Sie bitte, man hat mir gesagt, die Schule sei vis-à-vis von der Post. Können Sie mir sagen, wo vis-à-vis ist? „Dort drüben!" „Komisch, dort drüben hat man mir gesagt, vis-à-vis sei hier!"

Im Biologieunterricht erklärt die Lehrerin, wie die Natur überall für Ausgleich sorgt. „Tiere, die schlecht sehen, hören dafür besonders gut", sagt sie. „Kann mir jemand ein gutes Beispiel nennen?" Da meldet sich Kurtchen: „Meine Oma hat ein kürzeres Bein, dafür ist aber das andere länger!"

„Ich war einmal ein Zwilling", berichtet Irmi der Lehrerin. „So ein Unsinn, wie kommst du denn darauf?", will die Lehrerin wissen. „Das ist kein Unsinn! Meine Mutter hat gesagt: Ich habe noch Fotos von dir, als du noch zwei warst."

Der Religionslehrer schildert theatralisch den Weltuntergang: „Orkane werden die Dächer von den Häusern reißen, faustdicke Hagelkörner werden die Fenster und Türen zerschlagen, die Flüsse und Bäche werden gewaltig über die Ufer treten, Blitz und Donner werden die Menschen erschlagen." Fragt Uli: „Haben wir dann bei diesem Sauwetter trotzdem Unterricht?"

Die verhasste Klassenlehrerin ist ohnmächtig geworden. Der Arzt wird herbeigeholt. „Man muss ihr eine Ohrfeige geben, dann kommt sie schon wieder zu sich." „Tun Sie es nicht!", ruft ein Schüler. „Warum denn nicht?", will der Arzt wissen. „Lassen Sie es mich tun. Auf diese Gelegenheit warte ich schon so lange."

Frau Müller zu Frau Wedekind: „Ist Ihr Sohn wirklich erst acht Jahre alt?" „Ja!" „Das ist aber erstaunlich." „Warum denn?" „Dass man in so kurzer Zeit so dreckig werden kann."

Der Lehrer fragt Uli: „Nenne mir die dritte Person!" „Er!" „Gut, und die zweite Person?" „Du!" „Richtig! Und die erste Person?" „Adam, Herr Lehrer."

Frau Müller zu Uli: „Mach doch endlich die Musik etwas leiser, du störst Vati bei deinen Hausaufgaben!"

Vati fährt Moni in die Schule. „Lass mich doch mal ans Steuer, ich bin doch schließlich schon alt genug", bittet Moni. „Du vielleicht schon", wehrt Vati ab, „aber mein Auto noch nicht."

Uli kommt nach der Schule nach Hause. „Na, gibt es was Neues?", fragt Herr Wedekind. „Ich habe eine Fünf in Deutsch und eine Sechs in Mathe bekommen." „Ich hatte gefragt, ob es etwas Neues gibt!"

„Wie alt bist du?", fragt die Lehrerin die kleine Lena. „Sechs!" „Und was möchtest du mal werden?" „Sieben!"

Uli wird vom Schularzt untersucht. „Hast du schon einmal Probleme mit deinen Ohren gehabt?", fragt der Doktor. „Klar, immer wenn ich mir meinen Rollkragenpullover anziehe."

Der zerstreute Professor kommt nach Hause und stöhnt: „Ich kann mich nicht mehr gerade aufrichten. Bitte ruf einen Arzt." Die Ehefrau tut das. Als der Arzt kommt, sieht er sich den gekrümmt stehenden Professor haargenau an, dann sagt er: „Herr Professor, am besten lösen Sie erst einmal den obersten Hosenknopf aus dem zweiten Knopfloch Ihrer Weste. Sie werden sehen, das wirkt Wunder!"

Senta ist ganz aufgeregt. „Hast du gestern Abend auch Fernsehen geschaut?", fragt sie ihre Schulfreundin. „Das war doch irre, dieser Vulkanausbruch auf Sizilien!" Die Freundin winkt ab: „Peanuts! Du solltest mal meinen Vater erleben, wie der ausbricht, wenn er heute Abend mein Zeugnis sieht!"

Der Lehrer kommt in die Klasse und fragt erbost: „Wer hat auf meinen Stuhl gepinkelt?" Niemand meldet sich. Der Lehrer versucht es erneut: „Also, alle, auch ich, stellen sich jetzt in eine Reihe und schauen zur Decke. So kann keiner seinen Nachbarn sehen. Der Betreffende geht zur Tafel und schreibt seinen Namen drauf. Ich lese den Namen und wische ihn weg." Eine Weile vergeht, dann hört man es tapsen und dann das Kratzen der Kreide auf der Tafel. Als der Lehrer schaut, steht da: „Der unheimliche Pisser hat wieder zugeschlagen."

„Na, Uli, wie war's denn heute in der Schule?" „Super, Vati! Der Lehrer sagte, wenn alle so wären wie ich, dann würde er sofort die Schule schließen."

Uli schreibt beim Diktat das Wort Leopard klein. Der Lehrer sieht das und sagt: „Hör mal, Uli, Leopard wird doch großgeschrieben. Du hast doch gelernt, dass alles, was man anfassen kann, großgeschrieben wird." Antwortet Uli: „Na, dann fassen Sie mal einen Leopard an!"

„Thomas, soll ich dir bei deinen Hausaufgaben helfen?", fragt Vati. „Nein, lieber nicht! Ich habe schon genug Ärger in der Schule!"

Uli zeigt seinem Vater das Zeugnis. „So ein mieses Zeugnis hast du aber noch nie gehabt!" „Nein, Vati", grinst Uli, „das ist auch gar nicht von mir. Das habe ich in deinen alten Sachen auf dem Dachboden gefunden!"

Uli wird von Tante Dorle gefragt, wie es ihm in der Schule geht. „Gar nicht so schlecht. Heute haben wir Schreiben gelernt." „Na, das ist ja toll! Und was hast du geschrieben?" Antwortet Uli: „Das weiß ich doch nicht! Ich kann doch noch gar nicht lesen!"

Vor der Schule wurden mehrere Aufgabenhefte gefunden. Die Lehrerin zeigt sie in ihrer Klasse. „Gehören einem von euch diese Aufgabenhefte?" „Die sehen eigentlich aus wie meine", sagt Uli, „aber meine können es nicht sein, denn die sind ja weg!"

Der Lehrer wütend: „Moni, so geht das nicht weiter, du hast schon wieder während des Unterrichts geschlafen!" „Nicht so schlimm, Herr Lehrer, ich habe ja von Ihnen geträumt!"

Herr Weber liest Zeitung und Uli macht seine Schularbeiten. Plötzlich ruft Uli: „Vati, was ist das für ein Satz: Es ist kein Wein mehr im Haus?" Herr Weber lässt die Zeitung sinken und sagt: „Das ist gar kein Satz, das ist eine Katastrophe!"

Uli hat einen heftigen Schluckauf. Darauf fragt ihn der Lehrer: „Hast du dich verschluckt?" Darauf Uli: „Wieso, ich bin doch noch da!"

„Uli, wenn du eine Eins schreibst, bekommst du zehn Euro von mir." „Lass uns klein anfangen, Vati. Gib mir erst mal zwei Euro für jede Fünf!"

In der Schulkantine. Pit fragt: „Du, wer ist denn der Typ dahinten mit dem roten Bart?" „Leise! Das ist der Direx. Der hat keinen Bart, der isst nur gerade Spaghetti!"

Meine Mutter ist eine berühmte Künstlerin", sagt Kati in ihrer Klasse. „Sie tritt mit einem Hund und einer Katze auf und beide können sprechen." „Da ist doch ein Trick dabei", ruft Moni. „Ja, stimmt", gibt Kati zu, „die Katze kann nicht reden, der Hund ist Bauchredner."

Uli zu seinem Schulfreund: „Kannst du mir ein Wort mit fünf tz sagen?" „Nee, so ein blödes Wort gibt es doch gar nicht!" „Na klar: Atzventzkrantzkertzenglantz!"

Lehrer: „Glaubt ihr, dass der Mond bewohnt ist?" Schüler: „Sicher, es brennt ja Licht da oben!"

Der Lehrer: „Hallo, Ferdi, gehst du in der Pause mit raus auf den Schulhof, oder schläfst du durch bis zu nächsten Unterrichtsstunde?"

Der Lehrer: „Wie ist die Vergangenheitsform von Der Mensch denkt und Gott lenkt?"
Moni: „Der Mensch dachte und Gott lachte."

Der Lehrer fragt Uli: „Wer hat denn deine Hausaufgaben gemacht?" „Das war mein Vater!" „Wie, ganz allein?" „Na ja, dann und wann musste ich ihm schon helfen!"

Die Schulklasse besucht ein Museum, alle bleiben vor einer Statue stehen, der beide Arme fehlen. „Siehst du", sagt Moni zu Uli, „das kommt davon, wenn man an den Fingernägeln kaut."

Thomas fährt mit der Bahn zu Schule. Da kommt ein Bahnkontrolleur: „Deine Fahrkarte bitte!" Antwortet Thomas: „Nee, kaufen Sie sich doch selbst eine!"

Die Lehrerin zu Uli: „Mit ungewaschenem Gesicht kommt man aber nicht in die Schule! Du hast ja noch die Marmeladenreste von heute morgen um den Mund geschmiert!" Erwidert Uli: „Nein, Frau Lehrerin, Marmelade gab's bei uns gestern!"

Der Lehrer in der Schule: „Es gibt viele Finkenarten. Da haben wir zum Beispiel den Distelfink oder den Buchfink. Wer kann mir eine weitere Art nennen?" Daraufhin Uli: „Der Schmutzfink!"

Der Lehrer fragt: „Wer kann mir erklären, was man unter Abenddämmerung versteht?" Meldet sich Elke: „Also, Abenddämmerung ist, wenn es einem am Abend dämmert, dass man seine Hausaufgaben noch nicht gemacht hat."

„Tobias", sagt der Lehrer „zähle die Finger an deiner linken Hand und denke dir drei Finger weg. Was hättest du dann?" „Nie mehr Akkordeonunterricht", ruft Tobias.

Die Klasse macht ihren Jahresausflug. Diesmal geht es in die Berge. Fasziniert stehen die Schüler vor einer riesigen Gletscherspalte. „Hier ist vor einem Jahr ein Bergführer reingefallen und auf Nimmerwiedersehen verschwunden." Der Lehrer ist total schockiert. „Und das erzählen Sie so völlig ungerührt, das ist doch furchtbar!" „Na ja", antwortet der Führer, „er war schon ziemlich zerlesen und ein paar Seiten fehlten ja auch schon."

Der Religionslehrer erklärt seiner Klasse, was ein Wunder ist. „Stellt euch vor, ein Mann fällt von einem dreißigstöckigen Gebäude und landet völlig heil auf der Erde. Was ist das?" „Schwein gehabt!" „Na gut, aber der Mann fällt ein zweites Mal herunter und er landet wieder heil auf der Erde. Was wäre das denn?" „Er ist ein toller Artist!" Der Religionslehrer ist völlig verzweifelt. „Oh je, also nehmen wir an, er fällt noch mal von dem hohen Gebäude und ihm passiert wieder nichts! Was ist das denn?" „Das kann nur ein kompletter Idiot sein! Wer fällt schon dreimal von demselben Gebäude?"

Fragt der Lehrer: „Uli, welche vier Worte werden in der Schule am meisten gebraucht?" „Das weiß ich nicht!" „Stimmt, Uli, das war richtig!"

Stöhnt Peter: „Ich habe einen Holzsplitter im Finger!" Daraufhin sein Mitschüler: „So, da hast du dich wohl am Kopf gekratzt."

Die Mutter schimpft: „Warum kommst du so spät aus der Schule?" Brummt Thomas: „Die anderen haben vergessen, mich zu wecken."

Fragt der Lehrer: „Uli, du hast schon wieder einen schlechten Aufsatz geschrieben! Dein Vater ist doch Schriftsteller. Warum lässt du dir nicht von ihm helfen?" „Der war nicht mehr zu überreden!" „So, und warum nicht?" „Weil er schon für den letzten Aufsatz von Ihnen eine Fünf bekommen hat!"

Uli und sein Freund begegnen auf dem Wochenmarkt ihrem Lehrer. „Könnt ihr nicht beim Grüßen die Hände aus den Hosentaschen nehmen?" „Aber Herr Lehrer, wir haben Sie doch gar nicht gegrüßt!"

Die Schulklasse macht einen Ausflug in den Zoo. Als sie bei den Schwänen vorbeikommen, fragt der Lehrer: „Na, Evi, möchtest du auch so einen langen Hals haben?" „Na ja, kommt darauf an! Zum Waschen ist es unpraktisch, aber beim Diktat spitzenmäßig!"

Der Geschichtslehrer: „Dirk, sage mir, wo hat Napoleons letzte Schlacht stattgefunden?" „Keine Ahnung! Ich war zwar immer etwas faul, aber dass ich neugierig sei, lasse ich mir nicht nachsagen!"

Während der Schulfahrt nach Rom wird bei der Stadtrundfahrt natürlich auch das Kolosseum besucht. Bevor der Lehrer ein Wort gesagt hat, ruft Sandra: „Toll, dieses Kolosseum! Wann wird denn das fertig gebaut?"

Der Lehrer erklärt die Verkleinerungsform und gibt als Beispiel Brot – Brötchen an. Dann fragt er: „Kann mir jemand von euch noch ein weiteres Beispiel nennen?" Da meldet sich Susi: „Ja! Kitt – Kittchen!"

Der Lehrer: „Uli, du bist eine echte Doppelbegabung!" „Tatsächlich?", fragt Uli geschmeichelt. „Ja, du bist faul und frech zugleich!"

„Vata hat mir vahauen", schluchzt Ulis Berliner Freund. „Mich", verbessert Uli. „Wat denn, dir ooch?"

In der Hauswirtschaftsschule. Fragt Bärbel die Moni: „Was suchst du denn im Kochbuch?" „Ich will wissen, wie man Wäsche kocht."

Sagt Uli zu seiner Klassenkameradin: „Irgendwie ähnelst du einem großen Fernsehstar." Voller Verlegenheit fragt sie Uli: „Wirklich, welchem denn?" „Dem Krümelmonster!"

Marion liest einen Zeitungsartikel über die Entdeckung Amerikas. Bei dem Vermerk Kolumbus, 1451 fragt sie ihren Vater: „Was kann das bedeuten?" „Na was schon! Das ist natürlich seine Telefonnummer!"

Zwei Abiturientinnen unterhalten sich in der Pause vor dem Spiegel auf der Toilette. „Ich finde, du hast zu viel Rouge drauf", sagt die eine. „Was heißt hier Rouge?", erbost sich die andere. „Das ist pure Gesundheit." „Ach so, Gesundheit, na ja, dann bist du auf der einen Seite eben gesünder als auf der anderen."

Der Musiklehrer ist entsetzt: „Wieso hast du denn eine Maschinenpistole im Geigenkasten?" Der Sohn von Einbrecher-Paul ist sichtlich betroffen. „Ach, du meine Güte! Jetzt steht mein Vater mit der Geige in der Stadtsparkasse!"

Meldet sich Uli: „Herr Lehrer, wissen Sie ein Wort, das mit A anfängt und mit och aufhört?" „Aber Uli, so etwas sagt man nicht!" „Wieso, jeder sagt Aschermittwoch!"

„Nun, Uli, wie war es denn heute in der Schule?" „Entschuldige, Vati, aber du sprichst zu Hause auch nicht gern vom Geschäft."

Moni hat im Religionsunterricht Beten gelernt. Der Lehrer erklärte auch, dass man beim Beten um viele Dinge bitten könne. Als Mutti Moni am Abend ins Bett bringt, fragt Moni: „Ich werde gleich beten, brauchst du etwas Bestimmtes?"

Im Völkerkundemuseum steht die Schulgruppe vor einem großen Schrein. Erklärt der Führer: „In diesem Behälter wird die Asche einer ägyptischen Königin aufbewahrt." Wundert sich Thomas: „Mann, die hat aber viel geraucht!"

Uli fragt seinen Vater: „Sag mal, ist das immer so, dass Väter mehr wissen als ihre Söhne?" „Selbstverständlich ist das so!" „Dann sag mal, wer die Dampfmaschine erfunden hat?" „Das war James Watt, Uli." „Ja, und warum hat dann der Vater von James Watt sie nicht erfunden?"

Uli liegt krank im Bett und ärgert sich fürchterlich. Die Mutter fragt besorgt, warum er so wütend ist. „Ach, Mutti, ausgerechnet jetzt muss ich im Bett liegen, wo die Schule wegen Grippe geschlossen hat!"

„Also Uli, ich glaube dir einfach nicht, dass dein Kater sprechen kann." „Doch Oma, du kannst mir ruhig glauben! Frage ihn doch mal, wie seine Stimmung ist, dann antwortet er nur: Mau."

Sagt der Lehrer in der Schule: „Das Gesetz der Schwerkraft verhindert, dass wir von der Erde herunterfallen." Meldet sich Uli: „Wie haben sich eigentlich die Menschen festgehalten, bevor dieses Gesetz erlassen wurde?"

„Wo ist denn deine Armbanduhr?", fragt Hannes seinen Schulkameraden. „Keine Ahnung! Die geht immer vor. Vielleicht ist sie schon zu Hause!"

Toni schreibt in seinem Aufsatz über Venedig: „Die Leute dort sind irgendwie seltsam. Die singen und lachen, obwohl alle Straßen total überschwemmt sind."

„Thomas, was ist denn der Unterschied zwischen Gott und dem Papst?", fragt der Religionslehrer. „Na ja, Gott ist überall und der Papst war schon überall!"

Fragt der entnervte Lehrer: „Uli, weißt du eigentlich, warum dich deine Eltern zur Schule schicken?" „Na klar, die wollen zu Hause ihre Ruhe haben."

Fragt der Lehrer seine Schüler: „Wenn ich im Schulhof ein Loch quer durch den Erdball graben würde, wo käme ich denn da hin?" Antwortet Uli: „Herr Lehrer, geradewegs in die Nervenklinik!"

Monika ist die Beste in Biologie. Manfred geht mit ihr im Park spazieren. Um ihr zu imponieren, fängt er ein Gespräch über die Natur an: „Monika, was würde die Birke wohl sagen, wenn sie reden könnte?" Monika grinst: „Ich bin eine Buche!"

Fragt der Lehrer: „Wie wird jemand genannt, der nur redet und redet und niemand hört ihm zu?" Uli: „Das ist bestimmt ein Lehrer!"

Herr Müller ist völlig entsetzt! Sein Sohn Uli soll sitzen bleiben. Er fragt den Lehrer: „Gibt es denn keine Möglichkeit, den Jungen doch noch zu versetzen?" „Leider nicht", erwidert der Lehrer, „mit dem, was Ihr Sohn nicht weiß, könnten glatt noch zwei andere sitzen bleiben!"

Uli hat Klavierunterricht. Da klingelt die Polizei. Herr Wedekind geht an die Tür. „Entschuldigen Sie die Störung, aber uns rief ein Passant an und meldete, bei Ihnen wird ein gewisser Herr Mozart vergewaltigt!"

Fragt der Lehrer: „Hat einer von euch schon jemandem das Leben gerettet?" Uli: „Ich!" „Toll, und wem?" „Meiner kleinen Schwester!" „Toll, und wie hast du das gemacht?" „Indem ich die Antibabypillen meiner Mutter versteckt habe."

Letzte Schulstunde vor den Ferien. Sagt der Lehrer: „Wer mir einen Satz sagen kann, in dem Samen und säen vorkommt, der kann schon jetzt nach Hause gehen." Meldet sich Uli: „Adieu zusammen, wir säen uns nach den Ferien wieder."

Uli kommt aus der Schule. Es hat Zeugnisse gegeben. „Erst mal hast du hier mein Zeugnis", sagt er zum Vater, „und ansonsten kann ich dir sagen, Fernsehen macht mir sowieso keinen Spaß!"

„Verzeihung, wie lange hält denn der Zug?", fragt Monika den Zugführer. „So ungefähr fünfzehn Jahre, wenn man ihn immer gut pflegt!"

Die Schulklasse besucht ein Märchenschauspiel. Als das Kinderballett auftritt, ist Moni total begeistert. Danach fragt sie die Lehrerin: „Warum tanzen denn keine größeren Mädchen? Die bräuchten sich dann nicht dauernd auf die Zehen zu stellen!"

Der Lehrer zu Uli: „Ich fürchte, wenn dein Vater dein Zeugnis sieht, wird er graue Haare bekommen." Da strahlt Uli: „Da wird er sich aber freuen. Mein Vati hat nämlich eine Glatze!"

Uli ist wütend auf seine Schwester Moni: „Wenn du eine Mücke verschluckst, dann hast du mehr Gehirn im Bauch als im Kopf!"

Uli zu Peter: „Du, mein Vater hat am Sonntag 100 Euro beim Rennen verloren!" Daraufhin Peter: „Das hat er davon, warum rennt der auch so schnell!"

Stolz erzählt Hubert in der Schule, dass er jetzt einen Hund hat. Fragt ihn der Lehrer: „Und wie heißt dein Hund?" „Keine Ahnung", meint Hubert, „ich frage ihn jeden Morgen, aber er will es mir einfach nicht verraten."

Uli zeigt Moni ein Foto: „Hier bin ich im Zoo, stehe Seite an Seite mit einem Gorilla!" Fragt Moni: „Bist du der mit der Mütze?"

Uli kommt wutschnaubend nach Hause. „Stellt euch vor", erzählt er seinen Eltern, „ich bin heute abgehört worden – und das vom eigenen Lehrer."

Fragt Uli: „Sag mal, Vati – warum ist denn die Giraffe so groß?" „Das weiß ich nicht!" „Und warum dreht sich die Erde?" „Das weiß ich auch nicht!" „Vati, stört es dich eigentlich, wenn ich dich dauernd etwas frage?" „Nein, Uli, frag nur, sonst lernst du doch nichts."

Uli schläft im Unterricht ein. Der Lehrer rüttelt ihn wach und faucht ihn an: „Weißt du, was du bist?" „Na klar, jetzt ein aufgeweckter Junge!"

Fragt der Lehrer: „Wer kann mir sagen, welche menschliche Fähigkeit am wenigsten vorhanden ist?" Darauf Uli: „Die Zahlungsfähigkeit!"

Fragt der Lehrer: „Na, Herbert, ich höre, du warst im Urlaub in Neapel! Wo liegt denn Neapel?" „Keine Ahnung, ich bin geflogen!"

Fragt der Lehrer: „Sag mal, Peter, hast eigentlich noch Geschwister?" „Nein, ich bin alle Kinder, die wir haben!"

Uli zur Lehrerin: „Frau Lehrerin, ich muss mal!" „Aber, Uli, das sagt man nicht, man hebt nur den Finger!" „Wirklich, damit geht's auch?"

Die Schulklasse macht einen Ausflug in die Berge: Meint Ursula: „Was wäre das eine tolle Aussicht, wenn die anderen Berge nicht wären!"

Tobias ist in den Sommerferien in England. Es regnet fortwährend. Er schreibt nach Hause: „Das Land ist wirklich schön. Nur sollte es überdacht werden."

Fragt der Lehrer: „Uli, warum ist denn das Meer so salzig?" „Weil so viele Heringe darin herumschwimmen!"

Fragt die Lehrerin: „Sag mal, Uli, ist dein Vater zu Hause?" „Nein, mein Vati ist im Urlaub!" „So, eine Erholungsreise?" „Glaube ich kaum, denn Mutti ist mitgefahren."

Fragt Peter seinen Freund Uli: „Betet ihr auch immer vor dem Essen?" „Nein, meine Mutti kocht sehr gut!"

Fragt die Biologielehrerin: „Sagt mal, Kinder, warum gehen so viele Menschen so gerne in den Zoo?" „Weil dort alle Schimpfwörter lebendig herumlaufen."

Fragt der Religionslehrer: „Warum durfte Eva im Paradies eigentlich den Apfel nicht essen?" Antwortet Moni: „Vielleicht wollten die Gottens den Apfel einmachen!"

Moni weint, weil ihr Wellensittich gestorben ist. Nach zwei Tagen wird es ihrer Mutter zu bunt und sie sagt: „Nun hör doch endlich auf. Als Oma gestorben ist, hast du nicht so geweint!" Meint Moni: „Die habe ich auch nicht von meinem Taschengeld gekauft."

Der Lehrer zu Peter: „Was arbeitet dein Vater?" „Der ist arbeitslos." „Und was macht er, wenn er arbeitet?" „Er jagt Elefanten im Rheinland." „Aber im Rheinland gibt's doch gar keine Elefanten." „Deswegen ist er ja auch arbeitslos."

Fragt der Lehrer: „Uli, bist du zu Hause der Älteste?" „Nein, mein Vater und meine Mutter sind noch älter!"

Die Schulklasse fährt aufs Land und besichtigt einen Bauernhof. Am nächsten Tag wird ein Aufsatz darüber geschrieben. Moni schreibt: „Auf dem Bauernhof gab es viele Tiere: Pferde, Kühe, Schweine und Geflügel. Alle waren gesund und munter. Nur der Hahn war altersschwach! Jede der Hennen musste ihn abwechselnd tragen!"

Im Biologieunterricht erklärt der Lehrer: „Wie ihr wisst, haben wir fünf Sinne, jedoch sind die nicht bei allen gleich ausgebildet. Die Hunde können besser hören und die Eulen in der Nacht besser sehen. Gibt es noch andere Beispiele?" Meldet sich Uli: „Die Rose, die kann besser riechen!"

Sagt Uli: „Herr Lehrer, hier ist die Rechenaufgabe, die ich machen sollte. Ich habe sie zehnmal nachgerechnet." „Na, das ist aber fleißig." „Ja, und hier sind die zehn Ergebnisse!"

Toni kommt aus der Schule. Fragt sein Vater: „Na, wie ist denn deine neue Lehrerin?" „Toll, wenn bloß der große Altersunterschied nicht wäre!"

Der Lehrer fragt im Erdkundeunterricht: „Weiß jemand, wo Afrika liegt?" Meldet sich Uli: „Allzu weit kann das nicht sein. Jeden Tag fährt bei uns ein Afrikaner auf dem Fahrrad vorbei."

„Ich habe dir ein Fahrrad versprochen, wenn du in die nächste Klasse versetzt wirst", sagt Vati, „jetzt bist du sitzen geblieben! Was hast du denn die ganze Zeit gemacht?" Daraufhin Uli: „Na, was schon! Rad fahren gelernt!"

„Lehrer sind doch sehr seltsame Leute", erklärt Uli. „Sie helfen einem bei Problemen, die ohne sie gar nicht vorhanden wären!"

Der Nachbar ganz betroffen: „Mein Sohn kommt jetzt in die Sonderschule." Antwortet Onkel Herbert: „Toll, wenn er das Zeug dazu hat!"

Fragt der Lehrer: „Sag mal, Uli, hast du deine Aufgaben ganz allein gemacht?" „Ganz allein, Herr Lehrer!" „Wirklich ganz allein?" „Ehrenwort, ganz allein!" „Also dann bist du ein Genie! Für so viele Fehler braucht man sonst vier bis fünf Schüler."

Die Schulkinder besuchen den Zoo. Fragt Peter die Lehrerin: „Ist das Zebra nun weiß und hat schwarze Streifen oder ist es schwarz und hat weiße Streifen?"

„Vati, wer ist eigentlich Hamlet?" „Frag am besten Mutti, die kennt fast alle im Ort."

Uli kommt aus der Schule. „Heute haben wir alles über die Entfernung des Mondes gelernt", erzählt er. „So", meint Mutti, „und wie entfernt man den?"

„Vati, du hattest mir doch neulich fünf Euro versprochen, wenn ich in der Mathearbeit keine Fünf schreibe. Ich habe eine gute Nachricht für dich." „So, mein Junge, hast du es etwa geschafft?" „Nee, das nicht, aber dafür hast du fünf Euro gespart!"

Drei Schulkameraden treffen sich. Erzählt der Sohn des Rechtsanwaltes: „Mein Vater redet nur mit den Leuten und verdient dreihundert Euro die Stunde." Darauf der Sohn des Managers: „Mein Vater telefoniert nur und verdient dabei fünfhundert Euro in der Stunde." Erzählt der Pastorensohn: „Mein Vater redet einmal die Woche zwanzig Minuten, danach schickt er zwei Leute zum Geldeinsammeln."

„Was sind eigentlich Vegetarier?", fragt Peter die Biologielehrerin. „Das sind Menschen, die Tiere lieben." „Und warum essen sie ihnen dann das Futter weg?"

Im Klassenzimmer ist das Fenster auf. Der Lehrer bittet Uli: „Machst du bitte das Fenster zu, es ist ziemlich kalt draußen." Daraufhin Uli: „Meinen Sie, dass es dann draußen wärmer wird?"

Am Marktplatz wird ein Dach gedeckt. Der Dachdecker arbeitet ganz nahe am Dachrand. Uli und Peter schauen gespannt zu. Nach einer Weile meint Uli: „Komm, wir gehen, der fällt heute bestimmt nicht mehr runter!"

„Meine Eltern wissen überhaupt nicht, was sie wollen", beschwert sich Moni bei ihrer Schulfreundin, „zuerst haben sie keine Ruhe gegeben, bis ich laufen und sprechen konnte. Und jetzt wollen sie ständig, dass ich still sitze und den Mund halte."

Fragt die Lehrerin: „Na, Paul, wann ist denn dein Geburtstag?" „Warum wollen Sie denn das wissen? Sie schenken mir ja doch nichts!"

Der Nachbar fragt Uli: „Gehst du eigentlich schon zur Schule?" Antwortet Uli: „Ich gehe nicht, ich werde geschickt!"

„Vati, wo liegen denn die Bahamas?" „Frage am besten Mutti, die räumt immer alles weg!"

Petra kommt auf dem Schulweg an einem Brunnen vorbei. Plötzlich spricht sie ein Frosch an: „Küss mich, ich bin ein verzauberter Graf!" Petra hebt den Frosch auf und steckt ihn in ihre Tasche. „Warum küsst du mich denn nicht?", fragt der Frosch. „Grafen gibt es haufenweise. Aber keine von meinen Schulfreundinnen hat einen sprechenden Frosch."

„Für so ein schlechtes Zeugnis müsste es eigentlich Prügel geben!" „Richtig", meint Uli, „der Lehrer wohnt zwei Häuser nebenan!"

Der Lehrer fragt Uli: „Wie hoch ist wohl unsere Schule?" „Genau einen Meter und fünfzig!" „Wieso denn das?" „Na, sie steht mir bis zum Hals!"

„Wenn du schon zu spät kommst, könntest du dich wenigstens entschuldigen!", sagt der Lehrer. Erwidert Uli: „Warum eigentlich? Mein Vati sagt immer, zum Lernen ist es nie zu spät!"

„Uli, wie viel ist ein Drittel von drei Siebzehntel?" „Über solchen Quatsch habe ich mir noch nie den Kopf zerbrochen! Viel wird es ohnehin nicht sein!"

„Uli, dein Aufsatz ist sehr gut. Merkwürdig ist nur, dass er mit Peters genau übereinstimmt. Was sagst du dazu?" „Ziemlich einfach, Peters Aufsatz ist auch sehr gut!"

In der Pause fragt Thomas seinen Freund Marko: „Hast du dich wirklich von Susi getrennt, weil sie eine Brille bekommen hat?" „Nein, Susi hat sich von mir getrennt, als sie eine Brille bekommen hat."

Zwei Lehrer unterhalten sich. „Wenn Uli sich nicht benimmt, warum lässt du ihn dann nicht nachsitzen?" „Das habe ich ja versucht, aber er wollte die Überstunden bezahlt haben."

„Also, wir wissen, dass das männliche Gehirn größer ist als das weibliche, was können wir daraus schließen?" Sagt Moni: „Dass es nicht auf Quantität ankommt!"

Moni fragt ihre Freundin: „Kommst du nach den Hausaufgaben zum Spielen?" „Nein, ich muss Kartoffeln schälen." „Und dann?" „Dann muss ich sie kochen!" „Und dann?" „Dann essen wir." „Hast du danach Zeit?" „Nein, dann muss ich abwaschen." „Sag mal, habt ihr für das Grobe keine Oma?"

Fragt die Lehrerin: „Wenn ich sage, ich werde heiraten, was für eine Zeit ist das?" Erwidert Uli: „Die höchste Zeit!"

Uli und Peter stehen vor dem Giraffenkäfig. „Mich würde interessieren, warum Giraffen einen so langen Hals haben." „Nur deswegen, weil ihr Kopf so weit oben ist."

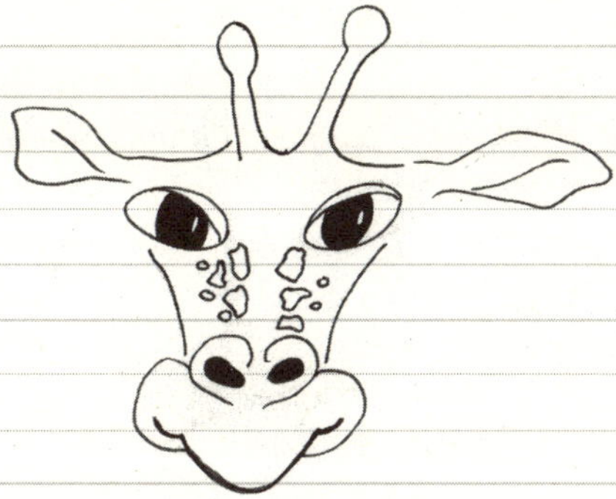

„Du, Mutti, wir hatten heute in der Schule fünf Stunden Englisch!" „Tröste dich, die Engländer haben es den ganzen Tag!"

„Uli, dein Zeugnis gefällt mir überhaupt nicht." „Mir auch nicht, Vati! Aber eins freut mich dabei doch, dass wir beide den gleichen Geschmack haben!"

Moni zu Peter: „Sag mal, du trägst ja einen roten und einen grünen Strumpf!" „Ja, und zu Hause habe ich noch so ein Paar!"

Der Lehrer von Uli hat sich verliebt. Eines Abends fragt er seine Braut: „Möchtest du meine Frau werden?" „Oh, ja!" „Antworte bitte im ganzen Satz!"

„Vati, kannst du mir sagen, wie so ein Gehirn funktioniert?" „Frag am besten Mutti, ich habe was anderes im Kopf."

Der Lehrer fragt im Religionsunterricht die Kinder: „Wir sagen im Vaterunser immer Unser täglich Brot gib uns heute. Warum sagen wir nicht morgen oder übermorgen?" Antwortet Uli: „Na, weil's sonst altbacken wird!"

Die Schulklasse besichtigt Schloss Neuschwanstein. Der Führer erklärt alle Sehenswürdigkeiten, schließlich führt er die Gruppe auch in ein Badezimmer. „In diesem Raum badete täglich König Ludwig." Fragt Doris: „Wieso denn täglich?" Darauf ihre Freundin Marion: „Du weißt doch, dass er verrückt war!"

Uli steht grinsend im Schulflur, als der Rektor vorbeikommt. „Na, Uli, warum bist du denn nicht im Unterricht?" „Ich habe einen fahren gelassen, da hat mich der Lehrer rausgeschickt!" „So, und da freust du dich auch noch?", wundert sich der Rektor. „Na, das ist doch wirklich komisch! Mich schickt der Lehrer an die frische Luft und er bleibt in dem Mief!"

Schimpft der Vater: „Mit so einem Zeugnis hätte ich mich nie nach Hause getraut!" Antwortet sein Sohn: „Da musst du ja ein schöner Feigling gewesen sein!"

Ein Mann hat eine alte Standuhr gekauft. Ächzend trägt er sie nach Hause. Auf der Straße stößt er mit Peterchen zusammen. Beinahe fällt die Standuhr hin. „Kannst du denn nicht aufpassen?" „Und können Sie nicht – wie jeder normale Mensch – eine Armbanduhr tragen?"

Die Schulklasse besucht den Zoo. Vor dem Raubtierkäfig sagt der Lehrer: „Seht mal, das ist ein Jaguar." „Und wo sind die Räder?"

Uli prügelt sich mit einem Mitschüler auf der Straße. Da kommt ein älterer Herr dazu und schimpft: „Ich werde dir helfen, den Jungen zu verprügeln!" „Danke, aber mit dem werde ich schon allein fertig!"

Fragt der Abiturient seinen Vater: „Willst du etwas von meiner ersten Fahrt mit deinem Wagen hören oder willst du es lieber morgen in der Zeitung lesen?"

„Die Vögel fliegen in Formationen in den Süden", erzählt die Lehrerin. „Blödsinn", meint Moni, „Informationen werden doch heute per Fax oder E-Mail durchgegeben."

„Mutti", sagt Uli, „siehst du den Mann, der gerade über die Straße geht? Lass dich bloß nicht von ihm ansprechen!" „Aber Uli", lächelt die Mutter, „ich lasse mich doch nicht von fremden Männern ansprechen." „Na ja, das ist kein fremder Mann, das ist mein Klassenlehrer!"

Fragt der Lehrer: „Uli, was möchtest du denn mal werden?" „Lehrer und Maurer!" „Warum denn gleich zwei Berufe?" „Als Lehrer habe ich im Sommer frei und als Maurer im Winter!"

„Wie alt bist du eigentlich?", fragt ein Herr einen Schüler in der überfüllten S-Bahn. „Fünfzehn", antwortet der, „wieso wollen Sie das wissen?. „Mit fünfzehn kannst du doch eigentlich schon auf eigenen Füßen stehen und nicht auf meinen!"

Uli rennt aufgeregt ins Wohnzimmer: „Vati, mein Lehrer kommt gleich, es wäre bestimmt besser für dich, wenn du nicht zu Hause wärst!"

Moni hat sich mit ihrer Schulfreundin gestritten. Tagelang läuft sie mit einer zornigen Miene herum. Endlich scheint sie wieder friedlich zu sein. „Na, nicht mehr böse auf mich?" fragt die Freundin. „Von wegen", braust Moni auf, „ich ruhe nur mein Gesicht aus."

„Was hat denn euer Lehrer gesagt, als ihm der Stein auf den Fuß gefallen ist?" „Also, wenn man alles weglässt, was man nicht sagen darf, dann hat er eigentlich gar nichts gesagt."

Der Lehrer fragt: „Warum sind im Winter die Tage kurz und im Sommer lang?" Meldet sich Uli: „Das liegt bestimmt an der Kälte, da zieht sich alles zusammen, und bei Wärme dehnt sich alles aus."

Der Lehrer zu Marko: „Zur Strafe schreibst du mir hundertmal: Ich bin ein Faulpelz und lässt das Ganze von deinem Vater unterschreiben."

In der U-Bahn sitzt eine ältere Dame einem Schüler gegenüber, der unentwegt Kaugummi kaut. Nach einer Weile beugt sich die alte Dame vor: „Das ist wirklich nett, dass du dich mit mir unterhalten willst, aber es ist zwecklos, ich bin nämlich schwerhörig."

Marion möchte einen Kanarienvogel kaufen, der schön singen kann. „Dann nimm am besten diesen!" „Aber der hat doch nur ein Bein!" „Willst du nun einen Sänger oder einen Stepptänzer?"

„Wo wurde denn der Vertrag von Brüssel unterzeichnet?" Antwortet Uli: „Auf der letzten Seite!"

Die Klasse bekommt einen neuen Lehrer. „Wie heißt du?", fragt er den ersten Schüler. „Ich heiße Sepp." „Das heißt nicht Sepp, sondern Josef. Und wie heißt du?", fragt er den nächsten. „Ich heiße Hannes." „Das heißt doch Johannes." Dann fragt er den dritten: „Und wie heißt du?" „Eigentlich Kurt. Aber Sie werden sicher Jokurt zu mir sagen."

Eine Nachbarin beschwert sich bei Frau Müller: „Ihr Sohn hat ein Ei nach mir geworfen!" „Hoffentlich hat er Sie nicht getroffen?" „Nein, getroffen hat er mich glücklicherweise nicht." Daraufhin Frau Wedekind: „Na, dann kann es auch nicht mein Sohn gewesen sein."

Fragt Mutti: „Sag mal, Uli, du spielst gar nicht mehr mit deinem Schulkameraden Peter?" „Möchtest du mit jemandem spielen, der immer betrügt?" „Natürlich nicht!" „Siehst du, Peter auch nicht!"

Herbert kommt völlig zerschunden von der Schule nach Hause. Die besorgte Mutter stürzt auf ihn zu: „Mein Bubilein, was ist denn mit dir passiert?" Brummt Herbert: „Dein Bubilein hat sich mit vier Jungens geprügelt, die Bubilein zu ihm gesagt haben."

Sagt der Lehrer zu Uli: „Nenn mir drei Tiere in Afrika!" Erwidert Uli: „Drei Giraffen."

Fragt der Lehrer: „Uli, wenn ich sage: Ich habe zu Mittag gegessen, was ist das für eine Zeit?" „Das ist eine Mahlzeit, Herr Lehrer."

Fragt Moni: „Vati, kannst du mir sagen, wer Eva war?" „Das war die einzige Frau, die nicht darüber jammerte, dass sie nichts anzuziehen hatte."

Fragt der Lehrer in der Schule: „Wer weiß, was eine Raupe ist?" Meldet sich Uli: „Eine Raupe ist ein gepolsterter Wurm."

„Wer weiß die Mehrzahl von Katze?" Meldet sich Uli: „Ganz einfach, Meerkatze!"

Fragt der Nachbar den Peter: „Warum flitzt denn euer Kater wie verrückt durch die Nachbarschaft?" „Ganz einfach, gestern ist er kastriert worden und nun muss er seine ganzen Verabredungen absagen."

Der Religionslehrer fragt: „Kann mir jemand sagen, was die Bibel mit dem Spruch meint: Im Schweiße deines Angesichts sollst du dein Brot essen?" Meldet sich Pauli: „Das bedeutet: Man soll so lange essen, bis man schwitzt!"

Tamara spaziert mit ihrer Schulkameradin durch den Zoo. Vor dem Zebragehege steht ein Schild mit der Aufschrift Frisch gestrichen. Enttäuscht betrachtet Tamara die Zebras und sagt: „Ich habe immer geglaubt, die Streifen wären echt!"

Fragt der Lehrer im Religionsunterricht: „Wie nennt man das, was vom Himmel fällt?" Meldet sich Uli: „Das ist kein Meister!"

Meint Uli völlig verärgert: „Überall reden sie vom Lehrermangel, nur bei uns fehlt nie einer."

Fragt der Religionslehrer: „Was muss ich tun, um in den Himmel zu kommen?" Antwortet Uli: „Am besten sterben!"

Zwei Abiturienten unterhalten sich. Sagt der eine: „Ich lese gerade Das Kapital von Karl May!" Darauf der andere: „Das Kapital ist aber von Karl Marx." „Und ich habe mich schon gewundert, warum darin so wenig Indianer vorkommen."

„Wer war Kolumbus?", fragt der Lehrer. Kevin meldet sich. „Kolumbus war ein Vogel." „Sag mal, wie kommst du denn auf diese blöde Idee?" Entgegnet Kevin: „Sie haben doch selbst vom Ei des Kolumbus erzählt."

Moni muss zu Hause ihrer Mutter beim Geschirr abwaschen und abtrocknen helfen. Sagt ihre Schulfreundin: „So etwas würde ich nie machen, das würde mir ja nicht im Traum einfallen!" „Mir auch nicht", meint Moni, „aber meiner Mutter."

Tobias mustert den fremden Herrn im Bus: „Diese Ähnlichkeit mit meiner Oma ist einfach unglaublich." „Ist das wahr?" „Ja, bis auf die Glatze." „Hör mal, ich habe doch gar keine Glatze." „Nein, Sie nicht, aber meine Oma!"

Das Schuljahr ist zu Ende, es hat Zeugnisse gegeben. Bruno kommt heim. „Vati", sagt er, „du hattest mir doch 100 Euro versprochen, wenn ich versetzt werde." „Ja, das habe ich", sagt der Vater und freut sich schon. „Ich wollte dir nur sagen", erklärt Bruno, „dass du das Geld behalten kannst."

Erklärt der Sportlehrer: „Tiefes Atmen ist gesund und tötet die Bazillen!" Da fragt Moni: „Wie kriege ich die Biester dazu, tief zu atmen?"

Uli und Peter besuchen den Zoo. Beim Giraffenkäfig meint Uli: „Ein Glück, dass ich keine Giraffe bin." „Wieso denn?", fragt Peter verblüfft. „Na, jeden Morgen müsste man diesen langen Hals waschen!"

Der Mathelehrer fragt Uli: „Wenn du fünf Äpfel hast und ich bitte dich, mir einen abzugeben, wie viel hast du dann noch?" „Fünf!"

Der Lehrer fragt Uli: „Wie unterscheidet man die Schlangen?" „Ganz einfach, wenn sie gut sehen, dann sind es Seeschlangen, wenn sie schlecht sehen, dann sind es Brillenschlangen und wenn sie gar nichts sehen, dann sind es Blindschleichen!"

Peter kommt ins Klassenzimmer gestürzt. „Das Barometer ist gefallen!" „Wie viel?", fragt der Lehrer. „Etwa einen Meter, und nun ist es kaputt!"

„Stell dir vor, Mutti, gestern hat unsere Lehrerin Peter nach Hause geschickt, weil er sich nicht gewaschen hatte." „Und, hat es wenigstens geholfen?" „Und wie! Daraufhin haben sich heute drei Mädchen und sechs Jungen nicht gewaschen."

„Wie nennt man jemand, der unverheiratet ist?" „Ledig, Herr Lehrer!" „Und jemand, der verheiratet ist?" „Erledigt!"

Fragt der Lehrer: „Wenn ich den Kopf nach unten halte, strömt Blut hinein, warum *aber* nicht in die Füße, wenn ich stehe?" Antwortet Uli: „Weil die nicht hohl sind!"

Frau Müller kommt zum Arzt: „Herr Doktor, was soll ich bloß machen, seit mein Sohn in die Schule geht, kaut er dauernd Nägel." „Versuchen Sie es doch mal mit Schrauben."

„Unsere Nachbarn müssen aber arme Leute sein", sagt Uli zu seiner Mutter. „Wie kommst du denn darauf?" „Nun ja, deren kleine Tochter hat vorhin einen Euro verschluckt. Jetzt sind sie alle ganz aufgeregt und wollen den wiederhaben."

Die eine Schulfreundin zur anderen „Ich weiß schon, wie man Kinder kriegt!" Darauf die andere: „Und ich weiß schon, wie man keine kriegt."

Der Klassenlehrer hat Max zu sich zitiert. „Das Schlimmste auf der Welt sind faule Kinder!", sagt er. Max zuckt mit den Schultern: „Sie haben ja keine Ahnung! Haben Sie schon mal faule Eier gerochen?"

Fragt der Lehrer: „Wer von euch kann mir eine Sage nennen?" „Die Nibelungensage!" „Gut, und wer weiß noch eine?" „Die Argonautensage!" „Sehr gut, vielleicht noch jemand eine?" „Die Wettervorhersage!"

Lehrer: „Wer kann mir den Namen des letzten deutschen Kaisers nennen?" Die ganze Klasse auf einmal: „Franz Beckenbauer!"

„So etwas Fürchterliches wie deine gestrigen Hausaufgaben habe ich noch nie gesehen", sagt der Lehrer ganz schockiert. „Warten Sie mal ab, die von heute kennen Sie ja noch nicht!"

Die Klasse schreibt einen Aufsatz zum Thema: „Wenn ich Fabrikdirektor wäre ..." Alle schreiben fleißig, nur Uli hat sich's bequem gemacht und guckt aus dem Fenster. „Warum schreibst du denn nicht?", fragt die Lehrerin. „Ich warte auf meine Sekretärin!"

„Wenn ein Stück Land ins Meer ragt, ist das eine Landzunge. Was ist es aber, wenn ein Stück Meer ins Land hineinragt?", fragt die Erdkundelehrerin. Meldet sich Petra: „Das ist eine Seezunge!"

Sagt der Religionslehrer: „Am 29. Juni ist Peter und Paul." Fragt Wolfgang: „Und wann ist Max und Moritz?"

„Fragt Tante Dorle den Uli: „Wie gefällt es dir denn in der Schule?" „Nicht schlecht, aber man verliert so viel Zeit."

„Herr Lehrer, warum habe ich denn in Deutsch eine Sechs bekommen?" „Weil es leider noch keine Sieben gibt!"

„Was weißt du über den Löwen?", fragt der Lehrer. „Er ist eine große Katze, lebt in Afrika und schreibt sehr schlecht." Der Lehrer sieht Uli völlig entgeistert an. Daraufhin Uli: „Aber in meinem Tierbuch steht, dass der Löwe eine furchtbare Klaue hat."

Betty ist sehr, sehr schüchtern. Heute ist sie bei ihrer Schulkameradin Moni zum Mittagessen eingeladen. Schweigsam sitzt sie vor ihrer Suppe. „Warum isst du denn nichts?", fragt Monis Mutter. „Kann nicht", sagt Betty. „Wieso, ist dir nicht gut?" „Doch, mir ist gut", sagt Betty. „Ja, magst du denn keine Suppe?" „Doch, schon", antwortet Betty. „Dann schmeckt dir unsere Suppe nicht?" „Weiß nicht", sagt Betty. „Na, dann probier doch mal!" „Kann nicht", antwortet Betty. „Ja, wieso denn nicht?" „Hab keinen Löffel."

„Sag mal Postbote ohne o!" „Pstbte!" „Falsch, Briefträger."

„Wenn man allein spielt, dann ist das ein Solo. Wenn man zu zweit spielt, ist das ein Duo. Und wenn man nun zu dritt spielt, wie nennt man es dann?" „Skat, Herr Lehrer!"

Simone findet auf dem Schulweg einen Spiegel. Sie schaut hinein und meint dann: „Dieses Bild hätte ich auch weggeworfen."

Der Biologielehrer fragt: „Welche Muskeln werden aktiviert, wenn ich zum Beispiel Häschen in der Grube singe?" Darauf Senta: „Meine Lachmuskeln, Herr Lehrer!"

Fragt die Lehrerin: „Moni, warum legen die Hühner Eier?" „Na, wenn sie sie schmeißen würden, gingen sie doch kaputt!"

Susi ist bei ihrer Schulkameradin zu Hause. Nachdenklich betrachtet sie die vollen Bücherregale im Wohnzimmer. Dann meint sie: „Wir holen ja unsere Bücher auch aus der Leihbücherei. Aber wir geben sie hinterher wieder zurück."

Sitzen zwei Professoren in der Oper. Der eine schaut sich die Zuschauer durch das Opernglas an und sagt zu seinem Begleiter: „Da, in der dritten Reihe, ist das nicht Johann Wolfgang von Goethe?" „Unsinn, der ist doch längst tot!" „Aber wieso denn, schauen Sie doch einmal, wie der sich bewegt!"

Vati hilft Tim bei den Matheaufgaben, kommt aber überhaupt nicht mit dem Stoff zurecht. „Was soll das denn in der nächsten Klasse werden, wenn du jetzt schon nicht mehr mitkommst!", sagt Tim vorwurfsvoll.

Sagt der Lehrer: „Wenn eine Kuh ein Junges kriegt, dann kalbt sie. Oder wenn ein Schaf ein Junges kriegt, dann lammt es. Wer kann mir weitere Beispiele nennen?" Meldet sich Uli: „Der Vogel eiert!"

„Sagt mal, Kinder, was ist denn wichtiger, die Sonne oder der Mond?", fragt der Lehrer. „Der Mond", sagt Uli, „der scheint bei Nacht und am Tag ist es ja sowieso hell!"

„Thomas, du kannst deinen Schulkameraden ruhig etwas von deinen Bonbons abgeben. Auch die Vögel teilen das Futter!" „Würde ich auch machen, wenn es sich um Regenwürmer handelte!"

„In Amerika zeigt die Uhr immer eine spätere Zeit an als hier in Deutschland", sagt der Lehrer. „Das kann ich mir gut vorstellen", meint Paulchen, „Amerika ist ja auch viel später entdeckt worden."

Die Mutter kommt zur Elternsprechstunde. Fragt der Lehrer: „Stottert Ihre Tochter eigentlich immer?" „Nein, nur wenn sie etwas sagen möchte."

Fragt der Musiklehrer: „Was ist denn dein Lieblingsinstrument?" „Der Essensgong!"

„Du, Vati, heute hat sich unser Lehrer nach dir erkundigt." „Was wollte er denn?" „Ach, er wollte nur wissen, von welchem Hornochsen ich abstamme."

Im Deutschunterricht erklärt der Lehrer: „Der Eingeborene ist wegen des Fiebers gestorben. Wo ist das Subjekt aus diesem Satz?" „Na, hoffentlich auf dem Friedhof."

Der Lehrer erklärt, was ein Magnet ist. „Es hebt Gegenstände auf, die herumliegen, und fängt mit dem Buchstaben M an." „Das ist meine Mutter!"

Manuela nimmt Reitunterricht. Nach mehreren Anläufen sitzt sie endlich auf dem Pferd. Nun setzt sich das Pferd in Bewegung. Manuela rutscht immer mehr und mehr zurück und schließlich rutscht sie hinunter und hängt am Pferdeschwanz. Da ruft sie völlig verzweifelt: „Schnell, ein neues Pferd, dieses ist zu Ende!"

Max hat den ganzen Nachmittag fleißig für die Schule gearbeitet. „So, jetzt kann ich endlich mit den Hausaufgaben anfangen!", sagt er. „Ja, was hast du denn dann die ganze Zeit gemacht?" „Strafarbeiten."

„Warum ist es so wichtig, dass wir lesen lernen?", fragt die Deutschlehrerin. „Damit wir was zu tun haben, wenn es nichts Gescheites im Fernsehen gibt."

„Ich muss jeden Morgen um fünf Uhr auf die Toilette", sagt Peter zu seinem Schulkameraden. „Das ist doch nicht schlimm!" „Das sagst du, ich wache aber erst um sieben Uhr auf."

Fragt der Lehrer: „Sag mal, Petra, wie kommen denn fünfzig Fehler in deinen Aufsatz?" „Weiß ich auch nicht! Die Schultasche war von gestern Abend bis jetzt fest verschlossen."

Sagt Uli zu seiner Mutter: „Wenn ich groß bin, werde ich Polarforscher! Und damit du siehst, dass ich es auch ernst meine, fange ich gleich mit den Berufsvorbereitungen an!" „Wie denn?", fragt die Mutter. „Gib mir fünf Euro für Eis!"

Peter erzählt Uli: „Mein Vater hat meine Mutter durch ein Inserat in der Zeitung kennen gelernt!" „Na, ist er zufrieden?" „Nö, er hat die Zeitung abbestellt!"

Meint Peter im Zoo zu seinem Schulfreund: „Wenn der Löwe sprechen könnte, was würde der bloß alles erzählen!" „Auf jeden Fall würde er erst mal klarstellen, dass er eigentlich ein Tiger ist!"

Uli sitzt im voll besetzten Bus. Vor ihm steht eine ältere Dame. „Möchtest du nicht aufstehen?", fragt sie. „Nö, nachher setzen Sie sich noch auf meinen Platz!"

Uli fährt mit der Straßenbahn in die Schule. Unterwegs steigt eine Frau mit ihrem Baby ein. Sofort steht Uli auf und bietet ihr seinen Platz an. „Das ist aber nett! Du bist ja ein richtiger Gentleman!", sagt die Frau. Zufällig fragt am gleichen Tag der Lehrer seine Klasse, ob jemand weiß, was ein Gentleman ist. Meldet sich Uli: „Ein Gentleman ist jemand, der eine Frau mit Kind sitzen lässt!"

Der Lehrer hält einen Vortrag über die Energiekrise. Zum Schluss sagt er: „Ich selbst heize schon seit Jahren mit Verstand." Flüstert Thomas seinem Nachbarn zu: „Das grenzt ja an ein Wunder, dass er noch immer nicht erfroren ist."

Gerda ist mit ihrer Schulfreundin im Zoo. Sagt Gerda: „Am besten, du gehst nicht so nahe an die Eisbären, du bist sowieso schon arg erkältet!"

Vater Weber geht mit seinem Filius Klamotten für den ersten Schultag kaufen. Als er die Preise sieht, sagt er entsetzt zur Verkäuferin: „Sagen Sie mal, für diese winzigen Dinger verlangen Sie ja Wahnsinnspreise! Die sind ja teurer als Sachen für Erwachsene!" Antwortet die Verkäuferin: „Seien Sie froh, dass Ihr Sohn keine Ameise ist. Was glauben Sie, was das erst kosten würde!"

Die Schulklasse besucht einen Bauernhof. Gerade geht die Kuhherde wieder in ihren Stall zurück. Sagt einer der Schüler: „Das ist wirklich beeindruckend, dass jede Kuh auf Anhieb ihren Platz findet." „Was ist denn daran beeindruckend? Über jedem Platz hängt doch ein Schild mit dem Namen!"

Fragt der Lehrer: „Wie viel ist sechs mal sechs?" Uli: „Dreißig." „Und was hältst du von Sechsunddreißig?" Daraufhin Uli: „Sind wir hier in der Schule oder auf einer Versteigerung?"

Peter kann an der Schultafel fast nichts lesen. Er geht mit seiner Mutter zum Optiker. „Mein Sohn braucht eine Brille!" „Weitsichtig oder kurzsichtig?" „Also, am besten durchsichtig!"

Der Sohn des Arztes zeigt seinen Schulfreunden das Sprechzimmer seines Vaters. Vor allem bestaunen sie das Skelett, das in der Ecke steht. „Woher hat dein Vater das?", will einer wissen. „Das hat er schon lange. Wahrscheinlich war das sein erster Patient."

Fragt der Lehrer in der Mathestunde: „Wenn ich einen Pfirsich in vier Teile schneide und die vier Teile nehme, was bleibt übrig?" „Der Kern!"

Die Schulkinder sind völlig fasziniert. Im Löwenkäfig stehen ein Löwe und ein Schaf. Begeistert fragt einer der Schüler den Wärter: „Toll, wie machen Sie das nur?" „Ganz einfach! Wir nehmen jeden Tag ein neues Schaf!"

Der Pfarrer steht mit der Spendenbüchse am Kirchausgang. Uli geht an ihm vorbei. Da hält ihn der Pfarrer an: „Ich kenne deine Mutter. Ich bin sicher, dass sie dir Geld zum Spenden mitgegeben hat. Willst du wissen, wo kleine Kinder hinkommen, die das Spendengeld vorenthalten?" Antwortet Uli: „Geradewegs ins Kino!"

Fragt die Lehrerin im Unterricht: „Zu welcher Tiergattung gehört der Wal?" „Zu den Säugetieren." „Das stimmt! Und wozu gehört der Hering?" „Zu den Pellkartoffeln!"

„Was willst du denn einmal werden?", fragt die Lehrerin. „Ich werde Arzt. Die Zeitschriften für das Wartezimmer habe ich schon!"

Nach dem Urlaub in England weiß Uli zu berichten: „Jetzt weiß ich, warum die Engländer so viel Tee trinken!" „Warum?" „Weil ich ihren Kaffee probiert habe!"

Die Klasse schreibt einen Aufsatz zum Thema: Unsere Katze. Schreibt Uli: „Unsere Katze. Wir haben keine!"

Der Lehrer beschwert sich bei Herrn Weber über Tobias: „Ihr Sohn schwätzt dauernd im Unterricht!" Antwortet Herr Weber: „Na, dann sollten Sie erst mal seine Mutter hören!"

Fragt der Lehrer: „Sag mal, Uli, wenn sieben Fliegen auf deinem Tisch sitzen und du haust zwei tot, wie viele Fliegen bleiben dann übrig?" „Nur die zwei! Die anderen sind alle weg!"

Der Vater fragt: „Na, Sohnemann, hat es heute etwas Interessantes in der Schule gegeben?" Fritz: „Ja. Der Religionslehrer hat uns etwas über Judas erzählt." „Und was hat er berichtet?" Fritz: „Gar nichts Gutes, gar nichts Gutes."

Fragt der Lehrer: „Welches Instrument ist denn das älteste?" „Das Akkordeon." „Wieso Akkordeon?" „Na, weil es so viele Falten hat!"

„Sieh mal, Uli", sagt der Lehrer und deutet zum Himmel, „da oben ist der Große Wagen." Fragt Uli: „Wie viel PS hat denn der?"

Die Lehrerin: „Thea, wenn deine Mutter ein Kleid für 250 Euro und eine Hose für 100 Euro kauft, was gibt das?" „Einen Riesenkrach mit Papa!"

Fragt Uschi ihren Vater: „Du, Vati, ist Tinte eigentlich sehr teuer?" „Nein, warum fragst du?" „Weil Mutti so ein Theater macht, weil mir bei den Schulaufgaben das Tintenfass auf den Perserteppich gekippt ist."

Sagt der Schulzahnarzt: „Also, Klaus, deine Zähne sind ja in Ordnung, aber den Kaugummi solltest du mal erneuern!"

„Mutti, darf ich nach den Schulaufgaben drüben bei Müllers spielen?" „Mit diesen dreckigen Klamotten?" „Nein, mit Peter und Uli."

Rainer bekommt sein Aufsatzheft zurück. Der Lehrer hat mit roter Tinte etwas daruntergeschrieben, was Rainer nicht recht kapiert. Also fragt er: „Habe ich Sie richtig verstanden, Sie wünschen, dass ich mehr Feuer in meine Aufsätze lege?" „Nein", antwortet der Lehrer, „ich meine es genau umgekehrt."

Die Lehrerin ist mit den Erstklässlern im Zoo. Bei den Störchen erklärt sie: „Seht ihr, das sind die fleißigen Vögel, die all die kleinen Kinder bringen." Stupst Uli die Moni: „Sollen wir sie aufklären oder weiterhin dumm lassen?"

„Uli", fragt der Lehrer, „was bewundern wir heute noch an den alten Römern?" „Dass sie fließend Latein sprechen konnten."

Fragt der Lehrer: „Es gibt direkte und indirekte Steuern. Kann mir einer ein Beispiel für eine indirekte Steuer nennen?" Meldet sich Moni: „Die Hundesteuer." „Wieso denn?" „Na, sie wird nicht direkt vom Hund bezahlt!"

„Uli, warum weint eigentlich die Moni?" „Weil ich ihr geholfen habe." „Wobei hast du ihr geholfen?" „Beim Eisaufessen."

Sagt Ferdi zu seiner Mutter: „Wenn Vati kommt, wird es gleich ernst. Was zeigen wir ihm zuerst? Dein neues Kleid oder mein Zeugnis?"

Ein Kanalarbeiter öffnet einen Schacht und klettert an der Leiter hinunter. Thomas schüttelt den Kopf und sagt zu seinem Schulkameraden: „Ich habe nicht gewusst, dass die Wohnungsnot so schlimm ist."

Uli geht im Supermarkt zur Kassiererin: „Vorhin war ich hier einkaufen und da haben Sie sich um dreißig Euro verrechnet." „Das ist ja die Höhe! Da könnte ja jeder kommen und das Gleiche behaupten." Erwidert Uli: „Na gut, dann behalte ich eben das Geld!"

Peter im Supermarkt: „Könnten Sie mir einen Gefallen tun und diesen Hunderter in elf Zehner wechseln?" „Sie meinen wohl in zehn Zehner?" „Na ja, dann würden Sie mir aber keinen Gefallen tun!"

Fragt der Lehrer: „Kennst du die Vogelart, die dort auf der Fernsehantenne sitzt?" „Das sind bestimmt Fernsehstars!"

Sagt der Vater: „Als ich in der dritten Klasse war, war ich den anderen Mitschülern weit voraus!" „Ich weiß", erwidert der Sohn, „die anderen waren zehn Jahre und du bereits zwölf!"

Bei der Vorstellung in der Schule. Der Schüler: „Mein Name ist Lang." Der Lehrer: „Macht nichts, ich habe etwas Zeit."

Moni zu ihrer Freundin: „Wenn ich abends ein spannendes Buch lese, dann kann ich nachts nicht mehr einschlafen." „Bei mir ist es genau umgekehrt. Wenn ich nachts schlafe, kann ich kein spannendes Buch lesen."

Fragt der Lehrer: „Uli, wie heißen eigentlich die Einwohner von Madagaskar?" „Kann ich mir nicht merken, es sind zu viele."

Der Lehrer bringt Uli das Schwimmen bei. Nach einer halben Stunde sagt Uli: „Ich möchte jetzt aufhören!" „Wieso, hast du keine Lust mehr?" „Lust habe ich schon noch, aber keinen Durst mehr!"

Im Reitunterricht. Ulla hat Schiss. „Ich habe noch nie auf einem Pferd gesessen", gesteht sie dem Reitlehrer. „Macht nichts. Ich gebe dir ein Pferd, das noch nie geritten wurde."

Familie Müller hat Besuch. Voller Stolz erzählt Vater Müller, dass sein Sohn schon schwierige Fremdwörter beherrscht. „Alf, sag doch mal Rhinozeros!" Alf schaut die Gäste an und fragt seinen Vater: „Zu wem?"

Moni verbringt ihre Ferien auf einem Bauernhof. Sie besichtigt alle Tierställe. Im Kuhstall liegen alle Kühe entspannt und wiederkäuend im Stroh. Fragt Moni den Bauern: „Ist das nicht ungesund für die Kühe, wenn sie ständig Kaugummi kauen?"

Mutti löst ein Kreuzworträtsel. Sie fragt Moni: „Sag mal, kennst du den Namen einer Muse?" Antwortet Moni: „Ganz einfach: Pampe!"

„Du, Mutti, keiner in der Schule mag mich. Die Lehrer mögen mich nicht und die Schüler erst recht nicht!" „Nimm dich bitte zusammen! Du bist schließlich der Schuldirektor!"

Fragt die Lehrerin: „Welches Lebewesen kommt mit der geringsten Nahrung aus?" Meldet sich Peter: „Die Motte! Die frisst nur Löcher!"

Erzählt der Lehrer: „Jahrhundertelang hat man versucht, das Gewicht des Mondes zu berechnen, aber alle Ergebnisse waren immer unterschiedlich." „Ist doch ganz klar", sagt Uli, „mal nimmt der Mond ab, dann nimmt er wieder zu."

Fragt der Lehrer seinen Schüler: „Gibt es eigentlich etwas, was bei dir schnell geht?" „Sicherlich", antwortet Paulchen, „ich werde immer schnell müde."

Uli kommt völlig schmutzig vom Fußballspielen. Seine Mutter deutet nur noch aufs Badezimmer. Meint er: „Das lohnt sich doch gar nicht! Morgen haben wir schon das Rückspiel."

Uli schwänzt immer wieder die Schule, um auf den Fußballplatz zu gehen. Schließlich redet der Lehrer ihm eindringlich ins Gewissen: „Du musst regelmäßig in die Schule kommen. Weißt du denn nicht, was aus einem Jungen wird, der nicht lernen will und dafür lieber Fußball spielt?" „Natürlich, der kommt eines Tages in die Bundesliga, wird von einem Verein gekauft und wird Millionär!"

Fragt der Lehrer: „Was ist eigentlich ein Morgengrauen?" Meldet sich Uli: „Das ist das Grauen, das man empfindet, wenn man morgens zur Schule muss."

Unterhalten sich zwei Väter: „Mein Sohn ist außerordentlich zukunftsorientiert!" „Meiner auch. Der verschiebt alles auf morgen."

Fragt der Religionslehrer: „Warum haben eigentlich die Apostel immer nachts gefischt?" Meldet sich einer: „Damit man sie nicht erwischt!"

Ermahnt der Lehrer seine Klasse: „In der Pause bitte nicht am offenen Fenster herumtoben. Wenn einer herausfällt, will es hinterher niemand gewesen sein."

Fragt die Lehrerin: „Wieso sprechen wir von der Muttersprache?" Entgegnet Moni: „Weil Väter nichts zu sagen haben."

Uli besucht seinen Schulfreund, der gerade sein neuntes Brüderchen bekommen hat. Im Garten watschelt ihm eine Ente entgegen. Fragt Uli seinen Freund: „Habt ihr etwa auch noch Enten?" Antwortet der Freund: „Quatsch, das ist der Storch, der sich bei uns die Füße abgelaufen hat."

Erzählt Herr Meier: „Heute war ich bei Monis Lehrerin, die mir sagte, dass unsere Tochter ziemlich klug ist. Wahrscheinlich hat sie die Intelligenz von mir!" „Bestimmt", entgegnet Frau Meier, „denn ich habe ja meine noch."

Uli kommt von der Schule nach Hause: „Morgen ist keine Schule. Unser Lehrer fährt weg!" „Wohin denn?" „Keine Ahnung, er sagte nur: Für heute machen wir Schluss, aber morgen fahre ich fort!"

„Sag mal, Peter, kennst du den Unterschied zwischen einer Trompete und einem Sack Mehl?" „Nein, Uli." „Dann musst du mal in beides reinblasen."

Fragt der Geschichtslehrer: „Wer von euch kann mir etwas von Kolumbus erzählen?" Antwortet Hanne: „Kolumbus hat die Eier nach Europa gebracht."

Fragt die Lehrerin: „Welche Tiere kennt ihr eigentlich?" Moni zählt auf: „Das Eselchen, das Schweinchen, das Pferdchen ..." Unterbricht sie die Lehrerin: „Könntest du bitte das chen weglassen?" „Na gut, das Eichhörn."

Uli wird das erste Mal von seinem Vater morgens zur Schule gebracht und am Nachmittag auch wieder abgeholt. Fragt die Mutter: „Na, wie war die Fahrt?" „Ganz prima, unterwegs haben wir drei Penner, fünf blöde Ziegen, vier Vollidioten und mehrere Armleuchter überholt!"

„Ist deine Mutti eigentlich sportlich?" „Und wie! Sie boxt und ringt beim SSV und dann noch beim WSV!" „Ist ja enorm! Welche Vereine sind das?" „Sommerschlussverkauf und Winterschlussverkauf!"

Sagt der Vater zu seinem Sohn: „Als ich so alt war wie du, habe ich jeden Tag gebüffelt und gebüffelt." Fragt Uli: „Und wann bist du zur Vernunft gekommen?"

Fragt der Lehrer den Peter: „Wie heißt das nun richtig, lass mich arbeiten oder lass mir arbeiten?" Erwidert Uli: „Lass die anderen arbeiten."

Die Lehrerin macht mit der ganzen Klasse einen Ausflug zu einem Bauernhof. Als sie beim Hühnerstall vorbeikommen, schlüpft gerade ein Küken aus der Eierschale. Die Lehrerin ist begeistert: „Ist das nicht wunderbar, dass wir erleben können, wie ein neues Leben aus diesem Ei entspringt?" „Klar doch", sagt Uli, „aber noch wunderbarer wäre es, wenn wir sehen könnten, wie es da reingekommen ist."

Fragt Petra ihre Mitschülerin: „Sag mal, stimmt das, dass der Mensch vom Affen abstammt?" Brummt die andere: „Du vielleicht, ich nicht!"

Fragt Herr Wedekind: „Uli, wo ist denn dein Zeugnis?" „Das habe ich Peter geliehen, der will seinen Vater erschrecken."

Moni will ihr Gesicht nicht waschen. Die Oma schimpft: „Du solltest dich schämen. In deinem Alter habe ich mir mein Gesicht morgens und abends gewaschen." Meint Moni: „Hat aber nicht viel genützt, wenn man bedenkt, wie du jetzt aussiehst."

„Du, Vati, heute haben wir zum ersten Mal mit Computern gerechnet", erklärt Fritzi stolz. „Meinst du, das könnte ich auch?", fragt der. „Ganz sicher! Probieren wir's mal: Wie viel sind 13 Computer und 7 Computer?"

Vati liest Zeitung. Da fragt ihn sein Sohn: „Was für ein Datum haben wir denn heute?" „Das kann ich dir auch nicht sagen", antwortet Vati. „Dann sieh doch einfach in die Zeitung." „Völlig sinnlos. Die ist doch von gestern."

Fragt der Biologielehrer: „Warum muss eigentlich Fett in der Milch sein?" Antwortet Uli: „Damit es beim Melken nicht so quietscht."

Geht Uli zu seinem Lehrer. „Also, ich will Sie ja nicht beunruhigen, aber mein Vater sagte neulich, wenn ich diesmal kein besseres

Zeugnis bekomme, dann kann sich aber jemand auf was gefasst machen."

Die Schulklasse besucht einen Bauernhof. Fragt Tobias den Bauern: „Wenn es regnet, wo stehen dann eigentlich Ihre Kühe?" Der Bauer: „Na, im Regen."

Der Professor sitzt noch spät in seiner stillen Kammer und arbeitet. Plötzlich kommt seine Frau im Nachthemd angelaufen und ruft entsetzt: „Ottokar, ein Einbrecher ist im Haus!" Der Professor fragt: „Wo ist er?" „In der Bibliothek!" Der Professor schiebt rasch seine Brille zurecht und fragt wissenschaftlich interessiert: „Und was liest er?"

„Herr Professor, das Klavier im Salon ist verstimmt!" „So, worüber denn?"

Sagt der Lehrer zu seiner Klasse: „Morgen kommt der Schularzt, um euch zu impfen. Jeder soll sich richtig den Arm waschen!" Meldet sich Peter: „Den rechten oder den linken?"

Die Schulärztin ist da und schaut sich die übergewichtige Nanni an. „Gegen dein Übergewicht hilft nur Gymnastik", sagt sie. „Meinen Sie Kniebeugen und so was?", fragt Nanni. „Nein, nur Kopfschütteln, und zwar immer dann, wenn dir etwas zum Essen angeboten wird."

Ein Polizist hält Uli auf dem Weg zur Schule an und sagt: „An deinem Rad brennt das Licht nicht! Am besten, du steigst ab!" Antwortet Uli: „Hab ich auch schon versucht, aber dann brennt es auch nicht!"

Auf dem Schulhof in der großen Pause. Ein Schüler hüpft nervös von einem Bein auf das andere. „Wenn du so dringend aufs Klo musst, warum gehst du dann nicht?", will ein Schulkamerad wissen. „Ich bin doch nicht bescheuert und geh in der Pause!"

Der Lehrer will die Schüler zur Ehrlichkeit erziehen. „Nun, sagt mal ganz frei heraus, wer von euch hat schon einmal etwas Verbotenes getan?" Der schmutzige Philipp meldet sich: „Ich habe mal vor Jahren an einer Stelle gebadet, an der es verboten war!" „Und was hast du seitdem getan?" „Seitdem habe ich nicht mehr gebadet."

Der Lehrer betrachtet Moni ausgiebig und sagt dann: „Gestern hast du Spaghetti gegessen!" „Was, das können Sie in meinen Augen sehen?" „Nein, aber auf deinem T-Shirt!"

Peter kommt zum Doktor: „Ich habe ein schlimmes Bein, Herr Doktor." „Na, dann zeig mal her!" Peter krempelt sich die Hose auf, und ein unsagbar schmutziges Bein kommt zum Vorschein. „Sag mal, hättest du dir das Bein nicht mal waschen können, bevor du hierherkamst? Ich wette, das ist das schmutzigste Bein in der ganzen Stadt!" Grinst Peter: „Die Wette haben Sie verloren, Herr Doktor, jetzt zeige ich Ihnen das andere Bein."

Der Lehrer stellt eine Aufgabe. „Euer Vater geht in einer Stunde sechs Kilometer. Wie lange braucht er dann für sechzehn Kilometer?" Am Ende der Stunde will er die Antworten einsammeln. Ulis Blatt ist aber noch leer. „Wieso hast du die Aufgabe nicht gelöst?" „Weil mein Vater noch unterwegs ist."

Fragt der Lehrer: „Also, ich frage dich jetzt zum allerletzten Mal! Wann wirst du endlich aufmerksamer sein?" Entgegnet Uli: „Ein Glück! Endlich hört nun die blöde Fragerei auf."

Die Mutter ist völlig entsetzt: „Wo hast du denn diese entsetzlichen Ausdrücke her?" „Aber, die sind doch von Schiller!" „Dann such dir jemand anderen, der Schiller ist jedenfalls kein guter Umgang für dich!"

Peter und Dieter liegen morgens schon lange wach im Bett. Peter meint: „Wenn Mutti nicht bald kommt und uns weckt, kommen wir noch zu spät zur Schule."

„Meine Schwester und ich hatten nacheinander die Masern." „Das ist ja wirklich schlimm!" „Bei mir war es noch viel schlimmer. Ich hatte sie nämlich in den Schulferien!"

Sagt Moni zu Uli: „Wir spielen jetzt in der Schule das Stück Die Schöne und das Biest. Und was glaubst du, ich spiele die Hauptrolle." Entgegnet Uli: „Und wer spielt die Schöne?"

Peter zu Evi: „Weißt du, was man zu einem Affen sagen kann, der in dem einen Ohr eine Banane und in dem anderen eine Spargelstange hat?" „Ich weiß es nicht." „Man kann sagen, was man will, er hört es ja doch nicht!"

Der Sohn des Kinobesitzers kommt vom ersten Schultag nach Hause. „Na", fragt ihn der Vater, „wie war's?" „Prima, ausverkauft bis auf den letzten Platz!"

Fragt der Lehrer: „Und nun nennt mir eine Eigenschaft des Wassers!" Antwortet Uli: „Wenn wir uns damit waschen, wird es schwarz!"

Der Vater legt seinen Sohn über das Knie und haut ihn durch. Dann fragt er ihn: „Weißt du auch, warum du die Schläge bekommen hast?" Da schaut der Junge seinen Vater erstaunt an und sagt: „Also, das ist doch die Höhe! Erst verhaust du mich und dann weißt du nicht einmal, warum!"

„Der Ochs und die Kuh ist auf der Wiese. Was ist falsch an diesem Satz?", fragt die Lehrerin. Uli meldet sich: „Weil die Kuh eine Frau ist, muss sie zuerst genannt werden."

In der Elternsprechstunde. „Also, Herr Lehrer", sagt Frau Weber völlig begeistert, „seit wir hier in Bayern leben, habe ich mit meinem Berti keine Probleme mehr. Ich klatsche nur in die

Hände und er folgt sofort." „Jo mei, dös is Koa Wunder", knurrt der Dorflehrer, „immer wenn der Berti net hörn will, hau i seim Nachbarn eine nei. Was glauben S', wie gut sich da die Kinder unteranander erziagn dun!"

„Könnt ihr mir sagen", fragt der Lehrer, „welches das nützlichste Tier ist?" „Das Huhn. Wir können es essen, bevor es geboren wird und nachdem es gestorben ist."

Paul kommt an einem Wurststand vorbei. Der Verkäufer ruft: „Heiße Würstchen, heiße Würstchen!" Da verbeugt sich Paul vor ihm und sagt: „Sehr erfreut, heiße Paul Meier."

Toni schießt mit dem Fußball die Fensterscheibe vom Lehrerzimmer ein. „Du Lausebengel", brüllt der Direktor, „weißt du, was du dafür verdienst?" „Schon", meint Toni, „aber heute war's gratis."

Zwei Schulkameraden übertrumpfen sich: „Mein Vater kann sich rasieren, ohne die Zigarre aus dem Mund zu nehmen." „Ist doch gar nichts", meint der andere, „mein Vater kann sich die Fußnägel schneiden, ohne die Strümpfe auszuziehen!"

„Welcher berühmte Deutsche sagte: Macht mir den linken Flügel stark?" „Franz Beckenbauer, Herr Lehrer!"

„Klaus, ich höre, ihr habt Zwillinge bekommen", fragt die Lehrerin, „wie heißen sie denn?" „Ich glaube, Donner und Doria, Frau Lehrerin. Das sagte jedenfalls mein Vater, als er es erfuhr!"

Uli sagt zum Verkäufer: „Für zehn Cent gemischte Bonbons, bitte!" Der gibt ihm zwei in die Hand und meint: „Mischen musst du sie aber selber."

Zwei Schulfreunde begegnen sich. Sagt der eine: „Na du!" Mault der andere: „Warum eigentlich immer ich?"

Der Schüler zu seinem Lehrer nach einem Unfall: „Im Krankenhaus hat man mein Gehirn geröntgt, aber nichts gefunden." Der Lehrer darauf: „Was hast du denn erwartet?"

Zwei Erstklässler spielen am Strand. Ein wunderschönes Mädchen im Badeanzug kommt vorbei. „Guck sie dir an", sagt der eine, „wenn ich eines Tages mal aufhören sollte, Mädchen grässlich zu finden, dann ist so eine wie die dran schuld."

„Wie nennt man Lebewesen, die zu Lande und zu Wasser leben können?", fragt der Lehrer. Antwortet Pit: „Matrosen!"

Nachdem Pit seine Schulkameradin beim Klassenfest zum fünften Mal über die Tanzfläche geschwenkt hat, fragt sie: „Du tanzt wohl gern?" „Unheimlich gern!", strahlt er. Darauf sie: „Und warum lernst du es dann nicht?"

In der Schule wird Erdkunde geprüft. „Welches Meer liegt zwischen Ostasien und Amerika?" Peinliches Schweigen. Nach zehn Minuten meint der Lehrer: „Ja, ihr habt völlig recht, es ist der Stille Ozean!"

Moni geht mit ihrer Freundin in ein Museum ihrer Stadt. Vor einer griechischen Marmorplastik bleibt sie stehen. „Diese

Statue ist genau zweitausendundzwei Jahre alt", erklärt sie ihrer Freundin. „Woher weißt du das denn so genau?", staunt diese. „Vor zwei Jahren war ich mit der Schule hier und da hat uns der Lehrer erzählt, dass diese Statue zweitausend Jahre alt sei. Nun ist sie eben zweitausendundzwei Jahre alt."

Karl besucht seinen Schulfreund Ulrich. Der ist aber nicht im Haus, sondern draußen im Garten. Dort springt er wie ein Verrückter herum, hebt die Hände zum Himmel, stampft mit den Beinen und johlt unverständliches Zeug. „Was macht Ulrich denn da?", fragt Karl. „Er tanzt einen Regentanz, dieser faule Kerl!", antwortet Ulrichs Mutter. „Der ist doch nicht faul", meint Karl, „wo er doch so rumhüpft!" „Natürlich ist er faul", antwortet Ulrichs Mutter, „ich hatte ihm aufgetragen, die Blumen zu gießen, und dazu hat er keine Lust."

„Die Sonne geht in China bekanntlich früher auf als bei uns. Wann also sagt der Chinese: Guten Morgen?" „Wenn er Deutsch kann!"

„Also, ich muss schon sagen, dein Zeugnis lässt zu wünschen übrig." „Wenn's so ist, dann wünsche ich mir ein Fahrrad, Vati."

Sagt der Lehrer zu seiner Klasse: „Wenn ihr so weitermacht, werden 60 Prozent von euch eine Fünf bekommen!" Da fängt plötzlich Alois in der letzten Reihe an zu lachen. Der Lehrer entrüstet: „Hier gibt es nichts zu lachen, das ist eine äußerst ernste Angelegenheit!" Da lässt sich der Alois vernehmen: „Aber Herr Lehrer, so viele sind wir doch gar nicht!"

Zur Pflaumenzeit klauen die Schulkinder im Pastorengarten die schönsten Pflaumen. Das wird dem Pastor eines Tages zu bunt und er stellt ein Schild auf: „Gott sieht alles!" Als er am nächsten Tag wieder nach seinem Pflaumenbaum und dem Schild sieht, steht daneben ein anderes Schild mit der Aufschrift: „Aber er petzt nicht!"

Zwei Erstklässler sitzen im Wartezimmer. „Was fehlt euch denn?", erkundigt sich teilnehmend ein älterer Mann. „Ich habe eine Murmel verschluckt", sagt der eine. „Und ich bin der Eigentümer der Murmel", sagt der andere Junge.

„Onkel, was bekomme ich, wenn ich dich in drei Sprachen fehlerfrei zum neuen Jahr beglückwünsche?" „Also, wenn du das kannst, dann lasse ich 20 Euro springen!" „Gut, das mache ich. Pass auf: Prosit Neujahr, Onkel. Und jetzt will ich die Kohle." „Wieso das denn?" „Naja, prosit ist lateinisch, Neujahr ist deutsch, Onkel ist französisch!"

Der kleine Karl kommt heulend von der Schule nach Hause. „Die anderen Kinder lachen mich immer aus, weil ich so große platte Füße habe", schluchzt er. „Ach, Karlchen", tröstet die Mutter, „das musst du nicht ernst nehmen. Kinder erzählen oft so dummes Zeug. Jetzt darfst du dir ein Bounty aus dem Süßigkeitenschrank holen." Der kleine Karl steht wie angewurzelt. „Ja, warum läufst du denn nicht zum Schrank?", fragt die Mutter. „Ich kann nicht", antwortet Karl, „du stehst mir auf den Füßen."

„Sag mal, Uli, wenn ich vier Eier hier auf den Tisch lege und lege noch drei dazu, wie viele Eier habe ich dann?", fragt der Lehrer. „Sieben", sagt Uli und fängt dabei ganz fürchterlich an zu kichern. „Warum lachst du denn so?", fragt der Lehrer. „Warum ich lache?", stöhnt Uli, „ich habe gar nicht gedacht, dass Sie Eier legen können!"

Uli trifft seinen Schulkameraden Peter, der ein ganz trauriges Gesicht macht. „Was ist denn mit dir los?", fragt er den Freund. „Ach, unser Struppi ist seit gestern nicht nach Hause gekommen." „Warum gibst du denn kein Inserat in der Zeitung auf?" „Was soll das schon helfen? Ein Hund kann doch nicht lesen."

Rudi sitzt über seinen Schularbeiten und stöhnt: „Ich wollte, ich wäre tot." „Das könnte dir so passen", meint die Mutter, „den ganzen Tag faul im Sarg herumzuliegen!"

„Die Schule bereitet auf das Leben vor", erklärt der Lehrer. „Alles, was man lernt, ist einem später nützlich. Deshalb sollte man seine Schulzeit nicht mit Blödsinn vertrödeln, sondern fleißig sein und sich anstrengen." Der Lehrer schaut in die Gesichter der Schüler und ist sich nicht sicher, ob auch alle verstanden haben, was er damit sagen wollte. „Also, Tim, warum sollte man sich in der Schule anstrengen?", fragt er nochmal nach. Tim ist unschlüssig. Dann fällt der Groschen. Strahlend sagt er: „Sie haben recht. Warum sollte man?"

In der Schulklasse. „Pfui", ruft Susi, „hier stinkt's!" „Das war der Uli!", ruft Klaus. „Quatsch, der Uli ist ja noch gar nicht da!" „Der wird schon noch kommen!", antwortet Klaus.

Franz, frischgebackener Abiturient und neuerdings auch Autobesitzer, wird von einem Polizisten angehalten, weil er verkehrt durch eine Einbahnstraße fährt. „Ihr Name?" „Franz Beckenbauer." „Keine dummen Witze, bitte!" „Ja dann, Johann Wolfgang von Goethe." Darauf der Polizist: „Na also! Warum nicht gleich so. Sie wollten mich wohl für blöd verkaufen!"

Der Deutschlehrer fragt: „Was geschah 1749?" Antwortet Lore: „Da wurde Johann Wolfgang von Goethe geboren." „Richtig! Sehr gut! Und weißt du auch, was 1759 für ein bedeutendes Datum war?" „Klar, da feierte Goethe seinen zehnten Geburtstag."

„Der Telegraf funktioniert im Grunde ganz einfach", erklärt der Physiklehrer. „Stellt euch eine Katze vor. Wenn man der hinten auf den Schwanz tritt, dann jault sie vorne. Verstanden?" Alle haben verstanden, nur Thomas hat noch eine Frage: „Und wie ist das bei der drahtlosen Telegrafie?" „Genauso", sagt der Lehrer, „nur ohne Katze."

„Frau Lehrerin, warum trägt die Braut bei der Hochzeit immer Weiß?" „Weil das die Farbe der Freude ist." „Ja, aber warum trägt der Bräutigam dann Schwarz?"

Der Lehrer verärgert: „Ich hatte euch als Hausaufgabe einen Aufsatz von mindestens zwei Seiten zum Thema Milch aufgegeben. Aber unser guter Manfred gibt gerade mal ganze zwei Zeilen ab. Was soll das, Manfred?" „Ich habe über Kondensmilch geschrieben."

Toni hat Probleme mit seiner Rechenaufgabe. Die Frage lautet: „Auf deinem Sparbuch sind 150 Euro. Du hast eine Schuld von 125

Euro, die du begleichen musst. Was bleibt übrig?" Toni grübelt lange, dann schreibt er: „25 Euro Unschuld."

Mathematikprüfung. Der Lehrer nimmt sich Lothar vor: „Wenn jemand eine Jeans für 50 Euro und 65 Cent kauft und sie später im Secondhandshop für 20 Euro und 95 Cent wieder verkauft, hat er dann einen Verlust oder einen Gewinn gemacht?" Lothar überlegt lange, dann sagt er: „Das ist relativ, Herr Lehrer. Eigentlich beides. Bei den Euros hat er Verlust gemacht, bei den Cents aber eindeutig einen Gewinn!"

„Woher kommt der Zucker?", will der Lehrer wissen. „Na, geradewegs aus dem SB-Markt", antwortet Lisa.

Charly ist ein wahrer Zappelphilipp, ständig rutscht er auf dem Stuhl herum. „Was willst du denn einmal werden?", fragt der Lehrer. „Pilot", antwortet Charly. „Da bin ich ja beruhigt, da bist du wenigstens angeschnallt", meint der Lehrer.

Die Biologielehrerin fragt: „Ist der Eisbär eigentlich immer weiß?" Anwortet Jana: „Klar, wenn er rot wäre, hieße er doch Himbär!"

Frage in der Rechenstunde: „Uli, wenn du von deinem älteren Bruder elf Euro zu bekommen hättest und von deinem Vater sieben Euro und dir jeder von beiden noch zwei Euro dazugeben würde, wie viel hättest du dann insgesamt?" „Gar nichts, Herr Lehrer, da kennen Sie die beiden aber schlecht!"

Die Biologielehrerin fragt die kleine Annika: „Auf welcher Seite des menschlichen Körpers befindet sich das Herz?" Antwortet Annika: „Auf der Innenseite!"

Karlchen erzählt in der Schule begeistert von seinem Hund. „Der ist so bissig, dass sich der Briefträger nicht mehr traut, uns die Briefe zu bringen." „Ach ja, und wie bekommt ihr sie dann?", fragt die Lehrerin spöttisch. „Der Briefträger schickt sie uns jetzt per Post!"

Als Uli mal wieder zu spät nach Hause kommt, sagt der Vater tadelnd zu ihm: „Uli, du hattest mir doch versprochen, pünktlich um sechs Uhr zu Hause zu sein." „Ja, Vater." „Und ich hatte dir versprochen, dass du eine Tracht Prügel bekommst, wenn du nicht pünktlich zu Hause bist." Darauf Uli: „Aber wo ich doch nun mein Versprechen nicht gehalten habe, brauchst du deines doch auch nicht zu halten."

Der Lehrer in der Schule erklärt: „Unsere Zahlen haben wir von den Arabern, den Kalender von den Römern und das Glas von den Ägyptern. Kann mir jemand ein ähnliches Beispiel nennen?" Uli meldet sich: „Das Bügeleisen haben wir von Lehmanns, den Staubsauger von Müllers, das Geld von der Bank und meinen jüngsten Bruder von Herrn Neumann!"

„Du, den Dieter haben sie aus dem Schwimmbad geworfen." „Warum denn?" „Er hat ins Becken gepinkelt." „Aber das tun doch alle." „Ja, aber nicht vom Fünf-Meter-Brett."

Der neue Lehrer soll gebührend empfangen werden. Nach einiger Diskussion, welchen Streich man ihm spielen könnte, wird ein nasser Schwamm auf seinem Stuhl ausgedrückt. Nichtsahnend setzt sich der Lehrer hin. Als er die Nässe bemerkt, fragt er verlegen: „Bei welchem Kollegen hattet ihr in der letzten Stunde Unterricht?"

„Was möchtest du einmal werden?", fragt die Lehrerin den kleinen Erwin. „Ich werde Pastor. Da hat man nur einmal in der

Woche am Sonntagvormittag für zwei Stunden was zu tun und in der Zeit kommt sowieso nichts Gescheites im Fernsehen."

Angela soll einen Aufsatz zum Thema Der Besuch bei meiner Großmutter schreiben. Ihr fällt absolut nichts ein. Die Unterrichtsstunde ist fast zu Ende, da hat sie die rettende Idee: „Ich wollte meine Großmutter besuchen, aber die war nicht zu Hause!"

Pit ist stinksauer auf seinen Schulfreund Freddy. „Frechheit! Da habe ich dir meine beste Langspielplatte geliehen und dann bringst du sie mir völlig zerkratzt zurück", schimpft er. „Aber hallo, was heißt hier zerkratzt! Ich habe dir doch bloß die tollsten Stellen angekreuzt."

Sexualkundeunterricht. Zu Beginn der ersten Stunde meldet sich der kleine Charly und fragt die Lehrerin: „Können die, die schon mal was mit Frauen hatten, in den Stadtpark gehen und eine rauchen?"

Theo kommt maulend von der Schule nach Hause. „Was ist los?", fragt die Mutter. „Da geh ich nicht wieder hin, die Lehrer schlagen zurück."

„Frau Lehrerin, geht der liebe Gott eigentlich auch aufs Klo?" „Aber nein, Moni, wie kommst du denn darauf?" „Ach, heute Morgen, als ich auf dem Klo saß, klopfte mein großer Bruder an die Tür und sagte: ‚O Gott, bist du schon wieder drauf?'"

Der Lehrer: „Um wie viel ist der Amazonas länger als der Nil?" Der Schüler: „Um genau fünf Buchstaben."

Moni zu ihrem Schulkameraden: „In meinen neuen Schuhen fühle ich mich wie in meiner eigenen Haut." „Kein Wunder", meint der, „die sind ja auch aus Ziegenleder."

Moni besucht ihren Opa. Der fragt: „Na, Moni, wie geht's denn so in der Schule und zu Hause?" Antwortet Moni: „Ist ganz o. K., aber mit deinem Sohn habe ich Probleme."

Der Lehrer hat von den Giraffen erzählt und fragt zum Schluss: „Kann sich einer vorstellen, ob es etwas Schlimmeres gibt als eine Giraffe mit Halsweh?" „Ja", ruft Uli, „einen Tausendfüßler mit Hühneraugen!"

„Pit", fragt Moni ihren Bruder, „warum gehst du eigentlich immer auf den Balkon, wenn ich für die Schule Singen übe?" „Damit die Leute nicht denken, dass ich dich verprügele!"

Stehen zwei Schüler im Museum vor einer männlichen Statue. Sie rätseln, wen die Statue darstellen soll. „Das ist bestimmt der Adam", meint Peter. „Und wo ist dann die Eva?", fragt Paul. „Weg, den Apfel holen!"

Beim Mittagstisch im Schulhort. „Uli, iss endlich deine Suppe auf. Viele Kinder wären froh, wenn sie nur die Hälfte davon hätten." „Ich auch."

Der zerstreute Professor sieht einen Mann auf sich zukommen: „Ja, haben Sie sich verändert, Herr Scheuermann! Man kennt Sie ja kaum wieder! Graue Haare haben Sie bekommen und sich einen Bart zugelegt, und dicker sind Sie auch geworden, mein Lieber!" „Aber", sagt der Mann, „ich heiße gar nicht Scheuermann!" „Wie?", staunt der Professor kopfschüttelnd, „Scheuermann heißen Sie auch nicht mehr?"

Die Freunde Willi und Peter gehen zusammen in die Klosterschule. Dort wird vor Schulbeginn immer gebetet. Eines Tages beschwert sich Peter bei der Lehrerin: „Das ist wirklich ungerecht, immer beten wir: Dein Willi geschehe und nie: Dein Peter geschehe."

Die Schulklasse will zum Snowboarden fahren. Fritz geht ins Textilfachgeschäft. „Ich brauche eine warme Unterhose", sagt er zur Verkäuferin. Die Verkäuferin: „Wie lang?" Darauf Fritz: „Blöde Frage, den ganzen Winter, natürlich!"

Der Erdkundelehrer: „Wie heißt das Land, das Jahrhunderte von Kalifen regiert wurde?" Alma: „Kalifornien!"

Vati hilft seinem Sohn bei den Schulaufgaben. „Als ich in deinem Alter war, habe ich es mir nicht so leicht gemacht wie du, sondern gebüffelt wie ein Irrer", tadelt der Vater seinen faulen Sohn. Fragt der Sohn: „Und, hat es was genützt?"

Die Biologielehrerin: „Der Delfin hat viele Ähnlichkeiten mit dem Menschen. Er ist ein Säugetier und sein Gehirn ähnelt dem des Menschen. Worin liegen die wesentlichen Unterschiede?" Die Schüler denken scharf nach. Meldet sich Elfi: „Delfine müssen nicht in die Schule gehen!"

„Na, Siggi, wie war der erste Schultag?" „Ganz gut. Aber ich muss morgen noch mal hin, wir sind nicht ganz fertig geworden."

Petra und ihre Schulfreundin bestellen sich eine Riesenpizza. Der Kellner fragt: „Soll die Pizza in vier oder in sechs Stücke geteilt werden?" Meint Petra: „Lieber in vier – ich glaube, sechs Stück wären zu viel."

Stefan bittet seine ältere Schwester um ein Foto. Geschmeichelt gibt sie ihm eins, fragt aber dann: „Wozu willst du es denn haben?" „Wir sollen morgen Bilder von Naturkatastrophen zur Schule mitbringen."

Abiturfeier und Schulabschlussball. Senta bekommt ihr erstes Ballkleid. „Mutti", strahlt sie, „was ist denn das für ein Stoff?" „Reine Seide, mein Kind." „Wunderbar, und das stammt alles von einer unscheinbaren Raupe?" Entgegnet die Mutter entrüstet: „Kind, sprich nicht so von deinem Vater!"

Uli kommt ganz ärgerlich aus der Schule. „Mutti", berichtet er, „wir haben heute das Pferd durchgenommen. Wenn es jung ist, heißt es Fohlen. Ein männliches Pferd heißt Wallach oder Hengst. Ein weibliches Pferd nennt man Stute. Ein altes Pferd ist eine Mähre oder ein Klepper. Mutti, wann ist denn nun ein Pferd eigentlich ein Pferd?"

Herr Weber entrüstet zu seinem Sohn: „Wie kommst du dazu, in der Schule zu erzählen, ich sei reich?" „Das habe ich nicht gesagt. Ich habe nur gesagt, du hättest mehr Geld als Verstand."

Der Lehrer erklärt während der Klassenfahrt: „Alles aussteigen! Hier ist der ideale Campingplatz. Eine Milliarde Stechmücken können nicht irren!"

Uli hat an die Tafel geschrieben: „Ich möchte mit unserer Lehrerin knutschen". Die Lehrerin kommt ins Klassenzimmer, liest und fragt nach dem Übeltäter. Uli meldet sich. Die Lehrerin: „Du kommst nach dem Unterricht mal zu mir!" Dreht Uli sich in der Klasse um und sagt: „Na, was hab ich euch gesagt – die ist gar nicht so."

Im Naturkundeunterricht spricht der Lehrer von den Vögeln und speziell von den Meisen. „Welche Meisenarten kennt ihr?", fragt er. Die Kinder rufen: „Kohlmeisen, Blaumeisen, Schwarzmeisen, Haubenmeisen!" „Sehr gut!", lobt der Lehrer. Da meldet sich noch der kleine Pauli: „Ameisen!"

„Du, Mutti, darf ich in den Rhein schwimmen?" fragt der junge Lachs. Wundert sich die Mutter: „Warum denn, mein Kind?" Antwortet der kleine Fisch: „Ach, ich möchte Chemie studieren!"

„Wie hieß der erste berühmte Dichter?", fragt der Lehrer. Meldet sich Uli: „Nebel!" „Unsinn", meint der Lehrer, „wo hast du denn schon einmal etwas über ihn gelesen?" „In der Bibel, Herr Lehrer!", sagt Uli. „Es steht schon am Anfang geschrieben: Dichter Nebel lag auf der Erde!"

Im Geschichtsunterricht geht es um Rom, und der Lehrer fragt: „Wann wurde Rom erbaut?" Uli meldet sich: „Bei Nacht, Herr Lehrer." „Wo hast du denn das schon wieder her?", fragt der Lehrer kopfschüttelnd. „Von Ihnen, Herr Lehrer! Sie haben doch neulich erst gesagt, Rom wurde nicht an einem Tag erbaut."

Norbert fällt zum zweiten Mal durch die Prüfung. „Das musste ja so kommen", jammert er, „derselbe Saal, dieselben Prüfer und dieselben Fragen."

Mäxchen hat einen Höflichkeitsbesuch bei der kranken Lehrerin gemacht. Als er zurückkommt, fragen ihn die Schulkameraden: „Wie geht es ihr? Wie steht es? Besteht noch Hoffnung?" Mäxchen schüttelt betrübt den Kopf: „Es besteht überhaupt keine Hoffnung mehr. Morgen kommt sie wieder zum Unterricht."

Der Lehrer: „Wir haben über die Klapperschlange gesprochen. Kennt jemand von euch ein ähnliches Tier, vor dem man sich in Acht nehmen muss?" Meldet sich Vroni: „Der Klapperstorch!"

„Wenn eine Kuh am Tag 20 Liter Milch gibt, wie viel Liter sind das in der Woche?", fragt der Mathelehrer. „Hundert!", sagt Martin. „Aber Martin, du wirst doch 7 x 20 rechnen können!" „Wieso sieben?", staunt Martin. „Haben die auf dem Land denn keine Fünftagewoche?"

„Uli, kannst du mir sagen, zu welcher Familie der Wal gehört?" „Ich kenne keine Familie, die einen Wal hat."

„Was willst du später mal werden?", fragt Thomas seinen Freund. „Ich werde Astronaut und fliege zur Sonne." „Na, das ist aber eine heiße Angelegenheit!", meint der Freund. „I wo, ich fliege doch nur nachts."

„Welches Volk gilt als besonders sparsam?", fragt der Lehrer. Edith antwortet: „Die Schotten, die schottischen Männer müssen sogar die Röcke ihrer Frauen auftragen."

Die Lehrerin fragt in der Geschichtsstunde den Fritz, der einige Zeit krank war: „Fritz, wie lange hast du denn gefehlt?" „Seit dem Dreißigjährigen Krieg, Frau Lehrerin".

„Warum machst du deine Hausaufgaben nicht?", fragt die Mutter. „Geht nicht, die Sonne scheint mir auf das Papier und blendet mich", antwortet Karla. „Dann dreh es doch um!"

„Wie hat Ihnen Goethes Faust gefallen?", erkundigt sich der Lehrer bei einem seiner Schüler. „Ganz gut", antwortet der junge

Mann, „in meinem Bekanntenkreis kenne ich gerade mal eine Hand voll Leute, die so was schreiben könnten."

Die Schulklasse besucht eine Ausstellung moderner Kunst. Unter einer Plastik sieht Peter das Schild: Unverkäuflich. Murmelt er: „Das hätte ich denen schon vorher sagen können, dass sie den scheußlichen Krempel nicht loswerden".

„Sie sollten sich um bessere Noten bemühen", tadelt der Lehrer einen Schüler. Aber der fragt bloß: „Warum sollte ich?" „Damit Sie später einen guten Arbeitsplatz finden." „Warum sollte ich arbeiten?", fragt der Schüler. „Damit Sie Geld verdienen und das Geld auf eine Bank bringen können. Das bringt Zinsen." „Ja, und dann?", fragt der Schüler. „Durch die Zinsen bekommen Sie vielleicht so viel Geld, dass Sie nicht mehr zu arbeiten brauchen." „Wozu dann die ganze Mühe?", wundert sich der Schüler. „Jetzt arbeite ich ja auch nicht!"

„Was ist eine Orgel?", fragt die Religionslehrerin. Anwortet Moni: „Das ist ein Klavier, das geistlich geworden ist."

Lehrer: „Wie heißen die drei Eisheiligen?" „Langnese, Dr. Oetker und Schöller", meldet sich Uli.

Verkehrserziehung. Der Lehrer erklärt, warum man beim Fahrradfahren ein Handzeichen geben muss, wenn man abbiegt. „Also, Kinder", sagt der Lehrer, „wenn man nach rechts abbiegt, zeigt man das mit der rechten Hand an. Nach links mit der linken Hand. Und das üben wir jetzt. Also, wir biegen nach rechts ab. Welche Hand strecken wir aus?" Die Kinder heben die rechte Hand. Nur Toni hebt die linke. „Was ist denn das jetzt wieder, Toni? Was ist mit dir los?", fragt der Lehrer. „Aber das wissen Sie doch, Herr Lehrer", ruft Toni. „Ich bin Linkshänder."

„Angenommen, Peter, du wärst ein großer Erfinder, was würdest du dann erfinden?", fragt der Physiklehrer. „Eine Maschine mit einem großen roten Knopf", antwortet Peter. „Man drückt auf den Knopf und schon macht sie alle Schulaufgaben." „Nicht schlecht", meint der Lehrer. „Und du, Thomas, was würdest du erfinden?" „Einen Roboter, der bei der Maschine auf den roten Knopf drückt."

Die Sommerferien sind um und Uschi kommt ganz toll braun gebrannt in ihre Klasse. „Bin ich nicht herrlich braun geworden?", fragt sie voller Stolz ihre Klassenkameradin. „Na ja,", meint die, „die Hellste warst du ja schon vorher nicht."

In der U-Bahn sitzt ein Mann mit einem gewaltigen Kropf. Ein Schuljunge gegenüber starrt ihn fasziniert an. Nach einer Weile wird es dem Mann mit dem Kropf zu bunt: „Wenn du nicht aufhörst, mich anzustarren, dann fresse ich dich auf!" „Kannst du ja gar nicht. Du musst erst mal den anderen runterschlucken."

„Thomas", klagt die Lehrerin, „jetzt rufe ich schon zum dritten Mal nach dir und du hörst nicht. Was soll nur aus dir werden?" „Kellner."

Der kleine Karl sagt statt „Vater" und „Mutter" immer „Papa" und „Mama". Als der ABC-Schütze eines Tages aus der Schule kommt, fragt ihn seine Mutter: „Und was habt ihr heute in der Schule gelernt?" Antwortet Karl: „Das Papaunser."

Zwei Lehrer unterhalten sich während eines Ausflugs. Fragt der eine: „Sagen Sie mal, warum ziehen Sie eigentlich immer den Hut, wenn ich Ihnen einen Witz erzähle?" Antwortet der andere: „Reine Höflichkeit! Ich ziehe immer den Hut, wenn ich alten Bekannten begegne."

Drei Schulfreunde zanken sich, wer den kleinsten Bruder hat. Der Erste: „Mein Bruder ist so klein, dass er noch in den Kinderwagen meiner Schwester passt." Der Zweite: „Meiner passt sogar in den Puppenwagen meiner Schwester." „Und meiner", prahlt der Dritte, „ist Testfahrer bei Matchbox."

Beim Matheunterricht: „Paulchen, wenn dein Vater ein Steak vierteilt, wie viele Stücke hat er dann?" „Sechs, Herr Lehrer!" „Sechs! Dein Vater ist wohl Zauberkünstler, was?" „Nee, Gastwirt, Herr Lehrer!"

Tom hat sich beim Turnen verletzt. Der Schularzt untersucht ihn und stellt besorgt fest: „Du hast dir den linken Arm an drei Stellen gebrochen." „Das kann nicht sein", antwortet Tom, „ich war heute den ganzen Tag nur an einer Stelle und zwar in der Turnhalle!"

Der Lehrer fragt seine Schüler: „Wir sagen zum Beispiel: Der kalte Januar, der launische April, der heiße Juni. Kann mir noch jemand ein Beispiel nennen?" Eifrig meldet sich Susi: „Der dumme August, Herr Lehrer."

Die Mutter ist böse auf ihr Mäxchen: „Aus dir wird nie etwas Anständiges, wenn dir weiterhin egal ist, was deine Eltern aus dir machen wollen." „Wir können die Kinder nach unserem Sinne nicht formen, so wie Gott sie uns gab, so muss man sie haben und lieben", erwidert Mäxchen. „Ist das etwa auf deinem Mist gewachsen?" „Keineswegs, das hat Goethe gesagt." „Aha! Dachte ich mir doch gleich, dass du auf fremde Jungen mehr hörst als auf deine Mutter."

Evchen sagt zur Lehrerin: „Ich kann morgen nicht zur Schule kommen, mein Opa ist nämlich gestorben" „Ach du meine Güte, du hast doch schon mindestens zweimal gefehlt, weil dein Opa gestorben ist", tadelt die Lehrerin. „Was kann ich denn dafür, wenn meine Oma immer wieder heiratet", mault Evchen.

Großes Hallo in der Klasse. Toni hat seine beiden Zwerghasen mitgebracht. Der Lehrer findet das gar nicht gut. „Das geht jetzt aber wirklich nicht, Toni", sagt er. „Denk doch nur an den Geruch!" „Ach", meint Toni, „das halten meine beiden Süßen schon aus!"

Fragt der Lehrer: „Warum ist der Peter eigentlich nicht da?" Antwortet eine Schülerin: „Er ist eine Leiter hinabgestiegen, die ein anderer vorher weggetragen hat."

Auf der Straße vor der Schule steht das übliche Warnschild, darunter die Aufschrift: „Überfahren Sie die Schulkinder nicht!" Eines Morgens hat jemand daruntergeschrieben: „Warten Sie lieber auf die Lehrer."

Der kleine Oskar hat Schwierigkeiten mit dem Bruchrechnen. Die Oma erklärt: „Sieh mal diese Torte hier. Wenn ich diese Torte in zwölf Stücke schneide und dir eins davon gebe, was ist das dann?" „Geiz, Oma", antwortet Oskar beleidigt.

„In deinem Alter", sagt der Vater zu seinem Sprössling, „war George Washington schon Klassenerster!" „Und in deinem Alter", erwidert der Sohn, „war er Präsident von Amerika!"

Die Lehrerin ruft Moni, die reagiert aber nicht. Die Lehrerin ruft noch einmal. Nichts. Schließlich geht sie zu Monis Schulbank und fragt: „Moni, hast du nicht gehört, dass ich dich gerufen habe?" „Doch, aber erst beim dritten Mal."

Prüfung in Erdkunde: „Kannst du mir auf der Karte zeigen, wo Amerika liegt?", will der Lehrer von Hanno wissen. Hanno fuchtelt unsicher umher, dann zeigt er tatsächlich auf Amerika. „Und wer hat Amerika entdeckt?", will der Lehrer weiter wissen. „Hanno!", ruft die ganze Klasse.

„Sag mal, Uli, wenn dein Vater tausend Euro verdient und deiner Mutter die Hälfte abgibt, was bekommt sie dann?" „Einen Wutanfall, Herr Lehrer!"

„Wann hast du dich denn so furchtbar erkältet, Moni?" „Das muss am Tag der offenen Tür gewesen sein."

Mutti zu Uli: „Nun streng dich doch mal ein bisschen an!" Meint Uli trotzig: „Ich will mich aber gar nicht anstrengen, ich will nicht klug werden, ich will keine Karriere machen, ich will so werden wie Vati."

Lehrerin: „Wenn ich sage, ich bin schön gewesen, dann ist das Vergangenheit. Wenn ich aber sage, ich bin schön, was ist das dann?" „Eine glatte Lüge", platzt Uli heraus.

Die Lehrerin erklärt, dass hinter einfachen Sprüchen oft tiefe Wahrheiten stecken. „Nehmen wir das Sprichwort: Ehrlich währt am längsten – wer kann hierfür ein Beispiel nennen?" Niemand meldet sich. Endlich sagt Evi: „Wenn ich die Aufgabe abschreibe, bin ich sofort fertig. Wenn ich aber ehrlich bin und sie selber löse, dann währt es am längsten."

„Seitdem mein Sohn Klavier spielt, beneide ich Beethoven." „Warum?" „Der war taub!"

Es ist Frühjahr und die ersten Schmetterlinge flattern über die Wiesen. „Schaut nur, Kinder, das sind Zitronenfalter", ruft die Biologielehrerin." „Aber die Schmetterlinge sind doch grün, sind die noch nicht reif?", fragt Susi.

Zwei Schulfreunde tragen immer gemeinsam Zeitungen aus. An einem Tag regnet es fürchterlich. Sagt der eine zum anderen: „Heute tragen wir keine Zeitungen aus, dafür kriegen die Leute morgen zwei!" Nach einigen Stunden trifft er seinen völlig durchnässten Freund: „Wo bist du denn gewesen?" „Ich war bei den Leuten und habe Bescheid gesagt, dass wir heute keine Zeitung bringen!"

Fragt die Oma die Eltern: „Was soll denn unser Ottochen mal werden?" „Ach, ich glaube, er will Lehrer werden", meint die Mutter. „Ist er denn tatsächlich so begabt?" „Nein, das nicht, aber er findet die vielen Ferien so toll."

Marion ist bei ihrer Schulfreundin. „Was schüttest du denn da ins Aquarium?" „Wasserflöhe." „Also weißt du, das finde ich ganz gemein, die armen Fische können sich doch gar nicht kratzen!"

Edgar zu seinem Schulfreund: „Du, stell dir vor, am Wochenende sollen wir dreißig Grad haben!" „Ist ja toll! Bist du ganz sicher?" „Klar ... fünfzehn am Samstag und fünfzehn am Sonntag!"

„Sag, was stellst du dir unter einem weisen Mann vor?" „Einen Mann, der keine dummen Fragen stellt, Herr Lehrer!"

Fragt der Erdkundelehrer: „Was ist das Besondere an der Sahara?" Antwortet Peter: „Dass man dort immer einen Parkplatz bekommt!"

Max steht am Teich und füttert die Enten mit seinem Schulbrot. Als es alle ist, wirft er einen Euro ins Wasser und ruft: „Da, kauft euch noch etwas!"

Der kleine Paul fährt mit den Eltern nach Hamburg. Dort sieht er eine ungewöhnlich dünne, lange Dame. „Ist das eine Plattdeutsche?", fragt er den Vater.

Peter und Uli sind im Schwimmbad: „Das Wasser ist aber irre kalt heute." „Stimmt! Man kann gut den Badeanzug gebrauchen."

„Papa", fragt der kleine Klaus, „was ist denn das Zweite Gesicht? „„Das haben nur die Frauen, mein Sohn. Sie nennen es Make-up!"

Die Schüler sitzen in der Schulkantine. „Sind Fische eigentlich gesund?", fragt Peter den Arztsohn Max. Der denkt nach: „Ich glaube schon. Bei uns war zumindest noch keiner in Behandlung."

Dagobert kommt nach Hause. „Du, Mutti, Ferdinand hat heute 30 Fehler im Diktat gemacht." „Woher willst denn ausgerechnet du das wissen?" „Er hat bei mir abgeschrieben."

„Und was macht dein Bruder bei der Bundeswehr?", fragt die Lehrerin. „Er putzt Handgranaten." „Um Gottes willen, können die Dinger denn nicht hochgehen?" „Wenn schon, sie gehören ihm ja nicht."

Moni zu ihrer Schulfreundin: „Du, meine Schwester hat ihre Verlobung gelöst. Seitdem ist ihr Exverlobter dauernd betrunken." Die Schulfreundin: „Na, da feiert er aber lange!"

„Ich begreife das nicht, immer, wenn ich mit meiner Schulkameradin Thea telefoniere, verstehe ich kein Wort." Darauf der Vater: „Habt ihr schon versucht, abwechselnd zu reden?"

Zufrieden sagt der Sportlehrer: „Unsere Schwimmriege hat zwar noch nie gewonnen, es ist aber auch keiner ertrunken."

Der Vater schimpft: „Gunnar, du hast dich schon wieder in der Schule geprügelt. Jetzt hast du auch noch zwei Zähne verloren." „Nur die Ruhe", lispelt Gunnar, „nichts ist verloren, die Zähne habe ich in meiner Hosentasche."

Der zerstreute Professor geht über die Straße, ohne nach links oder rechts zu schauen. Prompt wird er von einem Radfahrer angefahren. „Haben Sie denn mein Klingeln nicht gehört?", schimpft dieser. „Ach, Entschuldigung", stammelt der Professor verwirrt, „ich dachte, es sei das Telefon."

„Was bedeutet eigentlich: Für die Sünden der Väter müssen die Kinder büßen?", fragt Nanni ihre Schulfreundin. „Das bedeutet, dass du die Dumme bist, wenn dein Vater Fehler in den Hausaufgaben macht."

„Wie war ich?", fragt der Torwart der Schülermannschaft in der Kabine. „Letzten Sonntag warst du besser." „Aber da habe ich ja gar nicht gespielt." „Eben."

Tobias steht auf dem Schulhof, hat gerade einen Apfel gegessen und hält noch die Kerne in der Hand. Da kommt Anni und fragt: „Was willst du denn mit den Apfelkernen?" „Die verkaufe ich für zehn Euro, davon wird man nämlich unheimlich gescheit." Anni ist begeistert, kauft die Kerne von ihrem ganzen Taschengeld und schluckt sie auch gleich herunter. Am nächsten Tag trifft sie Tobias wieder. Wütend sagt sie zu ihm: „Du bist ein Betrüger! Für zehn Euro hätte ich mir einen ganzen Sack Äpfel kaufen können!" Da lacht Tobias: „Was heißt hier Betrüger, die Kerne wirken doch schon!"

Thomas hat ein Superzeugnis und darf sich seinen sehnlichsten Wunsch – einen Papagei – erfüllen. „Hier habe ich einen besonders cleveren Papagei", preist der Verkäufer seinen Papagei an. „Wie du siehst, hat er an jedem Fuß ein Kettchen. Wenn du am linken ziehst, sagt er Guten Morgen, wenn du am rechten ziehst, Guten Abend." „Und was sagt er, wenn man an beiden zieht?" Darauf der Papagei: „Dann fall ich auf die Schnauze, du Doofkopp!"

Der ABC-Schüler kommt vom Spielen nach Hause und ist völlig verdreckt. „Schau dich mal an, du siehst ja aus wie ein Ferkel!", brüllt der Vater. „Weißt du überhaupt, was ein Ferkel ist?" „Ja, Vati", antwortet der Kleine verschüchtert, „das Kind von einem Schwein!"

„Mutti, unsere Lehrerin ist wirklich dumm. Sie kennt nicht einmal eine Kuh. Ich habe in der Schule eine Kuh gemalt und sie hat mich gefragt, was das sein soll!"

Der Mathelehrer will einen Film kaufen. Im Fotofachgeschäft fragt ihn der Verkäufer: „24 x 36?" Antwortet der Lehrer: „864 natürlich!"

Die Lehrerin sagt zu Peter: „Peter, dein Aufsatz zum Thema Unsere Katze ist fast wörtlich derselbe wie der deiner Schwester Ursula." „Logisch", antwortet Peter, „es ist ja auch dieselbe Katze."

„Carla", fragt der Lehrer, „ist es richtig, wenn ich sage: Ich liebe dir?" Carla schüttelt den Kopf: „Aber, Herr Lehrer, bestimmt nicht, wo Sie mir doch eben erst eine Strafarbeit aufgebrummt haben."

Fragt der Lehrer: „Warum hat Gregor VII. das Zölibat eingeführt?" Meldet sich Evchen: „Damit sich die Pfarrer nicht so vermehren."

Der Religionslehrer erzählt: „Das ganze Haus freute sich bei der Rückkehr des verlorenen Sohnes, nur einer freute sich nicht. Wer war das wohl, Theo?" Theo denkt kurz nach und sagt dann: „Das gemästete Kalb."

Die Schulklasse geht ins Theater. Sagt der Lehrer zu einem Schüler: „Jetzt kommt der lange Monolog." Antwortet der Schüler: „Hoffentlich setzt er sich nicht vor uns."

Stürzt Volker in die Drogerie: „Schnell, unser Lehrer ist im Schulgarten in einen Bienenschwarm geraten!" „Soll es eine Salbe oder eine Tablette sein?", fragt der Verkäufer. „Quatsch, ich brauch einen Farbfilm!"

Der Religionslehrer erwischt Albert, wie er einen anderen Jungen verhaut. „Albert, du sollst dich nicht raufen, das ist nicht nett! Jesus sagt: Du sollst deinen Nächsten lieben wie dich selbst!" „Ja, sicher! Hier handelt es sich aber nicht um meinen Nächsten, sondern bloß um meinen Bruder!", antwortet Albert.

Der Vater beklagt sich: „Früher war alles ganz anders. Heute hat mein Sohn im Alter von zwölf Jahren bereits einen eigenen Fernseher, einen eigenen DVD-Player, einen eigenen Computer, eine eigene Stereoanlage und ein eigenes Handy. Wenn ich ihn für etwas bestrafen will, muss ich ihn in mein Zimmer schicken."

„Meine Großmutter ist wie die Tageszeitung", erzählt Moni ihrer Schulfreundin. „Warum? Weiß sie immer alles?" „Nein, aber sie erscheint täglich."

„Glaubst du, dass unsere Religionslehrerin in den Himmel kommt?", fragt Hansi seinen Sitznachbarn. „Nö, die kommt höchstens fünf Meter hoch, so fett wie die ist."

Der Geschichtslehrer fragt: „Wer hat die Türken vor Wien geschlagen?" Antwortet Waldemar: „Die Türken? Die haben es doch gar nicht bis zum Halbfinale geschafft!"

„Pit, nenne mir die Formel für Schwefeldioxid", fordert der Chemielehrer. „Die fällt mir gerade nicht ein, Moment noch, sie liegt mir auf der Zunge!" „Dann spuck sie aber schnell aus, das Zeug ist nämlich äußerst giftig!"

Werner kommt in die Sprechstunde und klagt: „Herr Doktor, ich spreche im Schlaf." „Aber das macht doch nichts", antwortet der Doktor. „Meinem Lehrer macht es aber was aus. Er sagt, das störe den Unterricht!"

„Na, Ferdi, du hast aber im Urlaub dicke Backen bekommen!", sagt die Lehrerin. „Kein Wunder, ich musste ja auch immer die Luftmatratzen aufblasen!"

Der Lehrer will wissen: „Schreibt man Eifersucht mit F oder V?" „Das kommt darauf an", meint Moni. „Wieso das denn?" „Tja, heißt es: Mich plagt die Eifersucht, schreibt man das Wort mit F. Heißt es aber: Ich habe das Ei versucht, dann mit V."

Peter missmutig zu seiner Schulkameradin: „An diesem miesen Wetter hast nur du alleine Schuld." „Warum denn?" „Na, du lügst doch ständig das Blaue vom Himmel herunter."

Mit seinem Schulfreund Thomas auf der Lenkstange saust Peter den Berg hinunter. Unten steht ein Polizist und fuchtelt mit den Armen. „Tut mir leid", ruft Peter, „wir sind schon *besetzt*, versuchen Sie es beim Nächsten!"

Im Biologieunterricht zeigt die Lehrerin Bilder von Kängurus und sagt: „Das sind die Bewohner Australiens." Heiko ist völlig entsetzt: „So sehen die also aus. Das ist ja entsetzlich!" „Warum?", fragt die Lehrerin. „Meine Schwester hat letzten Monat einen Australier geheiratet."

„Wie kommst du darauf, dass die Biene zu den Säugetieren gehört?" „Das haben Sie doch *selbst* gesagt, Frau Lehrerin." „Daran kann ich mich nicht erinnern." „Doch! Sie sagten, dass die Biene den Nektar aus den Blüten saugen würde."

„Vati, warum ist die Erde weiblichen Geschlechts?" „Wahrscheinlich, weil niemand genau weiß, wie alt sie ist."

Die erste Klasse macht einen Ausflug mit der Eisenbahn. Der kleine Peter fragt den Lehrer: „Herr Lehrer, wie hieß denn die Station, an der wir eben gehalten haben?" „Ich weiß es nicht", sagt der Lehrer geistesabwesend, „stör mich bitte nicht beim Lesen." „Sorry", sagt Peter beleidigt, „ich hätte es halt nur gerne gewusst, weil dort die halbe Klasse ausgestiegen ist."

Die Mutter hilft wieder mal ihrem Sprössling bei den Hausaufgaben und fragt: „Schämst du dich eigentlich gar nicht, der Thomas ist mit dir zusammen eingeschult worden und nun ist er schon eine Klasse höher als du. Woran liegt das nur?" „Weißt du, Mutti, ich glaube, der Thomas hat einfach begabtere Eltern."

„Herr Lehrer, wurde Friedrich der Große ermordet?" „Wie kommst du darauf?" „In meinem Geschichtsbuch steht: Friedrich der Große auf seinem Totenbett, nach einem Stich von Adolph von Menzel."

„Lohnt sich denn eigentlich das viele Geld, das Sie in den Klavierunterricht Ihres so unmusikalischen Sohnes stecken?", wird der Grundstücksmakler gefragt. „Und wie", erwidert der. „Ich habe bereits alle Nachbarhäuser zu einem Schleuderpreis gekauft!"

Das Thema des Aufsatzes lautet: Ein Fußballspiel. Uli grübelt, kaut am Füller und schreibt schließlich ganz zum Schluss der Stunde: Der Platz war unbespielbar.

Der Lehrer während des Diktats zu den Schülern: „Kommt ihr mit?" Daraufhin alle Schüler wie aus einem Mund: „Ja, klar, wohin?"

Im Zoo sagt der Wärter zur Schulklasse: „Geht nicht zu nah an den Tiger ran." Meint der Klassensprecher: „Keine Gefahr, der ist satt." „Woher willst du denn das wissen?" „Unser Klassenlehrer fehlt."

Der Erdkundelehrer: „Bärbel, kannst du mir einen Fluss in Indien nennen?" Darauf Bärbel: „ Aber gerne. Welchen denn?"

„Was ist eine Proportion?", fragt der Lehrer. „Das ist eine Maßeinheit", sagt Uwe. „Das musst du mir genauer erklären!" „Ja, zum Beispiel kostet Eis pro Portion fünfzig Cent."

Die Lehrerin fragt: „Was versteht man unter einem weitläufigen Verwandten?" Doris antwortet prompt: „Das ist ein Verwandter, der von Beruf Briefträger ist."

Lehrer: „Was war Franz von Assisi von Beruf?" Schüler: „Heiliger!"

Evi geht auf dem Schulhof wütend zu Susi: „Wie kommst du dazu, überall herumzuerzählen, ich hätte eine große Klappe?" „Hab ich doch gar nicht! Ich habe bloß gesagt, dass du den Spargel quer essen kannst."

Der Klassensprecher zum Mathelehrer: „Im Namen der ganzen Klasse muss ich Ihnen leider sagen, dass die Matheaufgaben viel zu schwierig sind und keiner von uns sie lösen kann." Antwortet der Lehrer: „Man kann alles, wenn man nur will!" „Dann versuchen Sie doch mal, eine Drehtür zuzuschlagen", tönt es aus der letzten Reihe.

„Wovon lebt dein Vater?", will der Lehrer wissen. „Vom Fett des Landes, Herr Lehrer." „Aha! Dann ist er wohl Metzger?" „Nein! Miederwarenfabrikant!"

Im Schulbus sagt Willi zum Fahrer: „Würden Sie bitte mal fünf Kilometer mit 40 und zwei Kilometer mit 30 Stundenkilometern fahren und mir dann für die Hausaufgaben sagen, wie lange Sie dafür gebraucht haben?"

Ulis Taschenuhr ist stehen geblieben. Als er sie neugierig öffnet, fällt eine tote Ameise heraus. „Aha", murmelt Uli traurig, „der Maschinist ist gestorben."

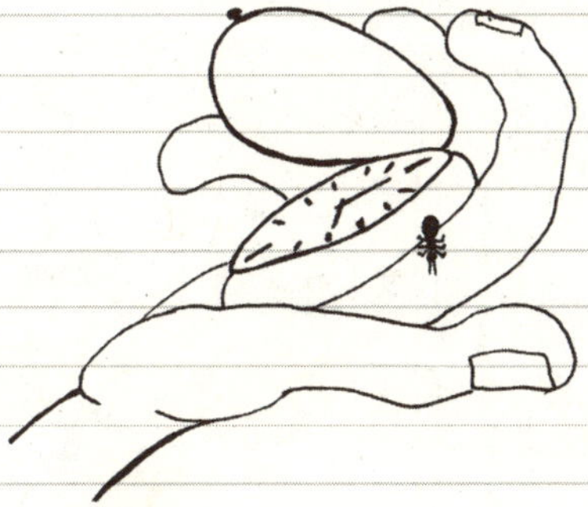

„Papa, wir lernen jetzt Orthografie!", sagt Fritzchen voller Stolz. „Typisch! Die sollten euch lieber mal die Rechtschreibung beibringen!"

Der neue Biologielehrer zeigt die Beine eines Pelztieres und verdeckt dabei den restlichen Körper. „Wer kann mir sagen, welches Tier das ist? Wie wäre es mit dir?", sagt er und deutet auf Peter. Der steht auf und sagt: „Ich weiß es nicht, Herr Lehrer!" „So, so! Wie heißt du?" Peter zieht seine Hosenbeine hoch und antwortet frech: „Raten Sie mal!"

Tobias hat sich im Sportunterricht verletzt. „Das wird schon wieder", tröstet ihn der Sportlehrer, „wenn ich mir meine Schulter verrenkt hätte, würde ich mich nicht besonders aufregen." „Klar, wenn Ihre Schulter verrenkt wäre, würde mich das auch nicht aufregen!"

Am Tag nach der Schulaufführung wird die Hauptdarstellerin gefragt: „Na, war eure Theatervorführung ein Erfolg?" „Das Publikum raste." „Vor Begeisterung?" „Nein, nach Hause!"

Tom ganz stolz zu seiner Banknachbarin: „Mein Vater ist Generalvertreter!" „Ach ja? Und welchen General vertritt er?"

„Wer weiß, warum es in den Niederlanden so viele Windmühlen gibt?", will die Lehrerin wissen. Meldet sich Evi: „Ich weiß es! Das sind Ventilatoren für die Kühe!"

Der Sohn des Schuldirektors fährt heimlich mit dessen Auto und wird von einem Polizisten angehalten. „Ihren Führerschein, bitte." „Wieso Führerschein? Ich dachte, den bekommt man erst mit achtzehn!"

„Wenn ich ein dummes Gesicht sehe, muss ich immer lachen", bemerkt der Lehrer. Da kichert Susi: „Interessant! Und wie schaffen Sie es, sich zu rasieren?"

Sabine tritt bei dem Klassenfest als Sängerin auf. Ihre Schulfreundin sagt sie an: „Und nun singt Sabine Meier. Wir bitten, die Störung zu entschuldigen."

Peter, Sohn reicher Eltern, hat zum Abitur einen Sportwagen geschenkt bekommen. Mit Karacho rast er durch die Gegend. Da hält ihn ein Polizist an: „Haben Sie das Schild mit der Geschwindigkeitsbegrenzung nicht gelesen?" „Was, bei dem Tempo soll ich auch noch lesen können?"

Hilde zu ihrer Freundin: „Jetzt bin ich endlich die Beste in der Klasse und meine Eltern sind immer noch nicht zufrieden." „In welchem Fach bist du denn die Beste?" „In Sexualkunde!"

Toni zu seinem Schulfreund: „Stell dir vor, wir hatten einen Wasserrohrbruch. Jetzt ist es bei uns im Haus so feucht, dass wir in der Mausefalle eine Wasserschildkröte gefunden haben!"

„Warum habt ihr euer Haus denn achteckig gebaut?", fragt der Lehrer interessiert. Antwortet Toni: „Das ist wegen unseres Hundes, der liebt Hausecken!"

Paul ist im Blumenladen: „Bitte geben Sie mir sechs Gladiatoren, unsere Klassenlehrerin hat Geburtstag", verlangt er. „Du meinst wohl Gladiolen", korrigiert ihn die Verkäuferin. „Ach ja, natürlich", erwidert Paul, „wie dumm von mir! Gladiatoren sind ja Heizkörper."

Der Religionslehrer fragt: „Wer war der erste Mensch?" Fritz: „Adam!" Der Lehrer: „Sehr gut! Und wer war die erste Frau?" Fritz: „Seine Mutter natürlich!"

„Was sind denn deine Lieblingsblumen, Angelika?", fragt die Biologielehrerin. „Chrysanthemen", antwortet Angelika wie aus der Pistole geschossen. „Donnerwetter, wie ausgefallen! Und wie schreibt man denn Chrysanthemen?" Angelika denkt kurz nach, dann meint sie: „Wenn ich's mir recht überlege, mag ich Rosen doch viel lieber."

Der Sportlehrer zu Pauli: „Du könntest ein begnadeter Stürmer sein. Nur zwei Dinge stehen dir im Weg!" „Und welche Dinge sind das?", fragt Pauli. „Deine beiden Füße!"

Im Lehrerzimmer. Sagt die eine Lehrerin zur anderen: „Ich war gestern in der Oper." „Oh, wie schön. Und was haben Sie gehört?" „Die Müllers lassen sich scheiden, der Weber betrügt seine Frau und der Sohn unseres Direktors ist vom Internat geflogen!"

Ermahnt der Eishockeytrainer seine Schulmannschaft: „Jungs, spielt bitte nicht zu hitzig – denkt an das Eis!"

Ein junger Lehrer trifft einen Kollegen, der schon seit einiger Zeit im Ruhestand ist. „Na", sagt er, „wie geht es denn so? Sie sehen aber gar nicht so gut aus." „Ist das ein Wunder?", antwortet der Ältere, „schließlich habe ich ja keine Ferien mehr."

Der Papst stirbt und kommt in den Himmel. Ein Engel weist ihm eine bescheidene Kammer zu. Einen Tag später kommt ein Lehrer in den Himmel. Die Engel stehen zur Begrüßung Spalier, Petrus persönlich geleitet den Lehrer in seine prächtigen

Räume. Der Papst beobachtet das alles und ist sauer. „Hören Sie, Petrus", beschwert er sich, „ich will mich ja nicht in Ihre himmlischen Angelegenheiten einmischen. Aber merkwürdig ist das schon. Mich, der ich immerhin Gottes Stellvertreter auf Erden war, steckt man in dieses fensterlose Loch. Und dieser Lehrer residiert in einem wahren Palast!" „Eure Heiligkeit", sagt Petrus, „ich verstehe das Problem. Aber Sie müssen das so sehen: Päpste haben wir haufenweise hier oben. Aber Lehrer sind bis heute noch nicht in den Himmel gekommen!"

Nach der Malstunde sagt die Lehrerin: „Uschi und Moni, ihr habt eure Pullis ja ordentlich mit Farbe bekleckert. Zu Hause solltet ihr die Pullis sofort wechseln." „Das können wir doch gleich erledigen", meint Uschi und zieht ihren Pullover aus. „Komm, Moni, gib mir deinen!"

Im Biologieunterricht: „Welchen Ausdruck gibt es noch für Staubgefäße?" „Mülleimer."

Timmi döst so vor sich hin. Er hat die Ellenbogen auf der Bank, die Hände vor den geschlossenen Augen und langsam sackt er in sich zusammen. „Na, Timmi, schläft es sich gut im Unterricht?", fragt der Lehrer und stupst ihn an. Timmi schrickt auf und antwortet verschlafen: „Nicht besonders, Sie reden zu laut und auch zu viel."

Peter kann seine Schulaufgaben nicht machen. Er kann sich einfach nicht konzentrieren. Seine Schwester Betty liegt in ihrem Zimmer auf dem Rücken und singt und singt. „Ich bin eine Schallplatte", singt sie, „ja, ja, ja, eine Schallplatte." Stinksauer rast Peter in Bettys Zimmer und dreht das Schwesterchen auf den Bauch. Kaum sitzt er wieder an seinem Schreibtisch, hört er Betty singen: „Jetzt kommt die B-Seite, ja, ja, ja, die B-Seite."

Zwei Lausejungen sitzen im Kirschbaum des Schuldirektors und lassen sich die Früchte schmecken. Der Direktor entdeckt sie und ruft wütend: „Ha, hab ich euch endlich beim Klauen erwischt." „Irrtum, Herr Direktor", ruft einer der beiden Bengel und wedelt mit den Kirschen, „schauen Sie doch genau hin, wir hängen die Kirschen doch bloß auf!"

„Was ist ein Globus?" „Das ist ein moderner Reisebus mit einem WC."

Tommi, mach endlich die Glotze aus und setz dich an deine Hausaufgaben", ruft die Mutter. „Null Bock!", mault Tommi. „Na, komm schon, Hausaufgaben haben noch keinen umgebracht!", meint die Mutter. „Aha", ruft Tommi, „und ich soll also wieder mal der Erste sein!"

Die Biologielehrerin will verschiedene Getreidearten wissen. Peter zählt auf: „Roggen, Weizen, Gerste, Hafer, Skat ..." „Stopp! Skat ist doch kein Getreide!" „Doch, Frau Lehrerin, mein Vater war auf Reisen in Schleswig-Holstein und er hat erzählt, dass er dort mit den Bauern die ganze Zeit Skat gedroschen hat."

Der Religionslehrer fragt den kleinen Hans: „Und was geschieht, wenn du eines der Zehn Gebote brichst?" Der kleine Hans überlegt einen Augenblick und meint: „Dann sind es nur noch neun!"

Tobias darf als Lohn für das bestandene Abitur den Führerschein machen. Bei der Fahrprüfung geht aber alles schief. Tobias fährt falsch in eine Einbahnstraße, übersieht ein Stoppschild, fährt bei Rot über die Ampel und rammt beinahe noch einen Fußgänger. Der Fahrlehrer ist total genervt und Tobias fällt durch die Fahrprüfung. „Wenn Sie jemals den Führerschein machen sollten", sagt der

Fahrlehrer, „dann empfehle ich Ihnen ein Auto mit Glasboden. Dann sehen Sie wenigstens genau, wen Sie überfahren haben!"

In der Biologiestunde. Der Lehrer erzählt: „Der Maulwurf ist ein sehr gefräßiges Tier. Täglich frisst er so viele Würmer, Engerlinge und Käfer, wie er selbst wiegt." „Das ist ja ein Ding! Hat er denn eine Waage?", wundert sich Karlchen.

Weihnachtsfeier in der Schule. Maxi hat sich mächtig fein gemacht. Evi schaut ihn bewundernd an. „Ich finde", sagt sie, „deine Osterkrawatte ist wirklich schick!" „Wieso Osterkrawatte?" „Weil da Ei drauf ist!"

Der neue Lehrer zum Abiturienten: „Ich glaube, ich habe Ihr Gesicht schon einmal irgendwo anders gesehen." „Das kann nicht sein, ich trage es immer an der gleichen Stelle."

Geschichtsarbeit vor Weihnachten. Moni hat wieder einmal nichts gelernt. Sie schreibt eine Menge dummes Zeug. Am Schluss der Arbeit schreibt sie: „Sehr geehrter Herr Studienrat, Gott allein weiß die Antworten auf Ihre Fragen. Ich wünsche Ihnen ein frohes

Fest." Im neuen Jahr bekommt Moni ihre korrigierte Arbeit zurück. Darunter steht: „Gott bekam eine Eins – du allerdings eine Sechs. Prost Neujahr!"

Thomas protzt in der Schule: „Mein Vater hat im Atlantik einen Fisch gefangen, der war so groß, dass der Wasserspiegel sank, als er ihn an Land zog." „War wohl ein Wal?" „Nein, den Wal hat er als Köder benutzt!"

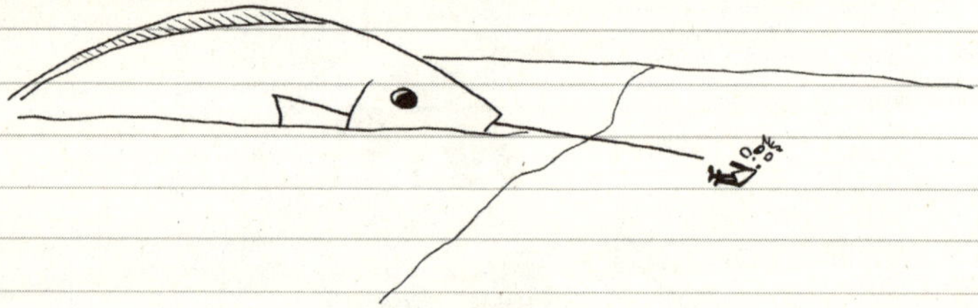

„Heißt es: schlage mir oder schlage mich?" „Dumme Frage. Schlag mich natürlich." „Gut, dann schlage mich bitte das Buch auf!"

„Stefan", sagt der Lehrer, „nenne mir einen griechischen Dichter!" „Achilles", antwortet Stefan. „Aber Achilles war doch kein Dichter!" „Aber er wurde doch durch seine Ferse berühmt!"

Schimpft der Religionslehrer: „Also, Lothar, wenn du nicht aufhörst, deine Nachbarin an den Haaren zu ziehen, kommst du nie in den Himmel!" „Komm ich doch!", ruft Lothar. „So, und wie willst du das anstellen?" „Ich nerve den lieben Gott. Wenn ich an das Himmelstor komme, dann mach ich es auf, dann wieder zu, dann wieder auf, dann wieder zu und das mach ich so lange, bis der liebe Gott ruft: Um Himmels willen, Lothar, jetzt komm entweder rein oder bleib draußen!"

Zwei Eskimojungen auf dem Weg zur Schule. Der eine sagt: „Heute haben wir nur minus zwölf Grad." „Toll, vielleicht bekommen wir dann hitzefrei."

Beim Fußballspiel der Schulmannschaft. Moni fragt: „Warum rennen denn alle so hinter dem Ball her?" „Na, wer die meisten Tore schießt, gewinnt." „Und die anderen?" „Die natürlich nicht." „Und warum rennen die dann so?"

Lehrer: „Peter, stell dir vor, du bist mit einem Segelboot auf dem Meer unterwegs, der nächste Hafen ist 20 Meilen entfernt und da kommt ein Sturm auf. Was würdest du tun?" Peter: „Ich würde den Anker auswerfen." Lehrer: „Gut, aber es bricht ein neuer Sturm aus." Peter: „Ich würde einen neuen Anker auswerfen." Lehrer: „Hm – also, es bricht ein noch schlimmerer Sturm aus." Peter: „Gut, dann würde ich noch einen Anker auswerfen." Lehrer: „Sag mal, Peter, woher nimmst du eigentlich die vielen Anker?" Peter: „Von derselben Stelle, von der Sie Ihre vielen Stürme herholen."

„Heinzi", sagt der Vater streng, „deine Lehrerin hat mir gesagt, dass du ihr einen Frosch in das Pult gesetzt hast. Ist das wahr?"

„Ja, Vati." „Und wieso hast du das gemacht?" „Weil mir die Maus, die ich eigentlich dafür nehmen wollte, davongelaufen ist."

„Herr Lehrer, was ist eigentlich Esperanto?" „Das ist eine Weltsprache!" „Und wo wird die gesprochen?" „Nirgends."

Zwei Schulfreundinnen lästern über ihre Klassenkameradinnen. „Also, über Kim kann ich nichts Schlechtes sagen", meint die eine. „Gut, reden wir über Evi", sagt die andere.

„Alle vier Jahre hat der Monat Februar neunundzwanzig Tage! Wie nennt man solche Jahre?" „Wechseljahre, Herr Lehrer!"

„Mandy, warum hast du eben gelacht?", tadelt die Lehrerin. „Ach, ich habe nur an etwas gedacht!" „Merke dir, während des Unterrichts hast du an nichts zu denken!"

Luise kommt aus einem feinen Internat aus der Schweiz zurück. „Was hast du denn im Internat gelernt?", fragt sie der Nachbarsjunge. Luise rümpft die Nase, schaut ihn von oben bis unten vornehm an und meint: „Gute Manieren natürlich, du Idiot."

Der Deutschlehrer: „Was meinte Schiller, wenn er die Jungfrau von Orléans sagen lässt: Das Schlachtross steigt?" Meldet sich der Metzgerssohn: „Er wollte damit sagen, dass das Pferdefleisch teurer wird."

„Welchen Vorteil hat die Elektrizität?", will der Lehrer wissen. Peter meldet sich: „Wenn es keinen elektrischen Strom gäbe, müssten wir bei Kerzenlicht fernsehen."

Weihnachten bei Familie Weber. „Und weil du in Mathe eine Zwei hattest, darfst du dieses Jahr den Weihnachtsbaum anzünden", sagt Vater Weber zu seinem Sohn Otmar. „Toll!", ruft dieser und stürmt ins Wohnzimmer. Nach einer Weile kommt er zurück und fragt: „Die Kerzen auch?"

Die Schulkameraden Hans und Franz gehen ins Kino. Es gibt einen alten Wildwestfilm. John Wayne reitet gerade in die Stadt ein. Auf den Dächern lauern bewaffnete Schurken. „Ich wette mit dir um fünf Euro, dass der gleich von Pferd fällt", flüstert Franz. „Und ich wette, dass er oben bleibt", flüstert Hans. Eine wilde Schießerei beginnt, das Pferd bäumt sich auf und John Wayne liegt auf der Erde. „Ich hab verloren", sagt Hans und kramt nach dem Geld. „Lass mal", sagt Franz, „ich habe gemogelt; ich kenne den Film schon." „Ich hab ihn auch schon mal gesehen", flüstert Hans, „aber ich habe nicht geglaubt, dass John Wayne so blöd ist und schon wieder runterfällt."

In der Rechenstunde fragt der Lehrer den Uli: „Wenn deine Mutter beim Bäcker 30,50 Euro, beim Lebensmittelhändler 126,70 Euro und beim Fleischer 212,35 Euro Schulden hat – wie viel hat sie dann zusammen zu zahlen?" „Nichts – dann ziehen wir um."

Petra war bei ihrer Schulfreundin Susi zu Besuch. Es war nicht so besonders. „Dein Vater lacht wohl nie", sagt Petra. „Doch, einmal im Jahr lacht er", antwortet Susi. „Und wann ist das?" „Wenn sich meine Mutter einen neuen Hut gekauft hat."

Der Lehrer fragt den Sohn eines bekannten Grafologen: „Was hat dein Vater zu meinen Randbemerkungen an deinem miserablen Aufsatz gesagt?" „Er hat sie mit großem Interesse gelesen und gesagt: Jähzornig, lässt sich leicht zu Tätlichkeiten hinreißen, nicht ganz aufrichtig und schwierig zu behandeln."

Vor der Schule unterhalten sich zwei Schüler: „Ob unsere Lehrerin wohl noch krank ist?" „Wir wollen das Beste hoffen."

Peter sitzt im Stadion und schaut fasziniert dem Zehntausendmeterlauf zu. Voller Begeisterung sagt er zu seinem Nachbarn: „Der mit dem roten Schal gewinnt." „Wieso roter Schal? Das ist seine Zunge!"

Susi zu ihrer Schulkameradin: „Weißt du, dass bei jedem Atemzug, den ich mache, ein Mensch stirbt?" „Hast du's schon mal mit Mundwasser versucht?"

„Weshalb kann man für Brillen kein Fensterglas verwenden?", fragt der Lehrer seine Schüler. „Weil es zu groß ist und außerdem viereckig."

Endlich Sommerferien! Maxi macht mit seinen Eltern Urlaub am Roten Meer „Mutti, darf ich mit der Luftmatratze ein Stück rausschwimmen?", bettelt Maxi. „Um Gottes willen, auf gar keinen Fall, da draußen gibt es Haie!", ruft die Mutter. „Aber

Vati darf es doch auch!", beschwert sich Maxi. „Das ist etwas ganz anderes! Vati ist versichert."

In ihrem Aufsatz über Afrika schreibt Anette: „Die Eingeborenen dort lebten früher von Ackerbau und Viehzucht; heute ernähren sie sich von den Badegästen aus Europa."

„„Wir sind mit dem Bundespräsidenten verwandt", sagt Uli voller Stolz zu seinem Schulfreund Peter. Der staunt: „Das ist ja ein Ding! Ist er dein Onkel oder so?" „Das nicht", antwortet Uli, „aber sein Hund ist der Bruder von unserem Hund."

Peter zu seinem Vater: „Wir haben heute so viele Hausaufgaben auf, dass du bestimmt nicht fernsehen kannst."

„Ist deine Mutter verheiratet?", fragt die Lehrerin den neuen Schüler. „Ja, klar ist sie verheiratet, und zwar mit einem Mann." „Werd nicht frech! Selbstverständlich ist sie mit einem Mann verheiratet!" „So selbstverständlich ist das gar nicht!", empört sich der Schüler, „mein Bruder ist nämlich mit einer Frau verheiratet!"

Die Schulklasse besucht einen Bauernhof. Die kleine Maja sieht das erste Mal in ihrem Leben, wie die Katze eines ihrer Jungen mit den Zähnen am Genick packt und davonträgt. „Du willst eine Mutter sein?", ruft sie empört. „Nie im Leben bist du eine Mutter – du bist ja nicht mal ein Vater!"

Ferdi in der Schule: „Einfach klasse, unser Hund! Jeden Morgen bringt er dem Vati die neue Zeitung – dabei hat er überhaupt keine abonniert."

Die Gymnasiasten besuchen das Deutsche Museum in München. „Und hier sehen Sie eine alte griechische Vase. Wer weiß, vielleicht hat sogar die schöne Helena einmal einen Strauß Blumen da hineingesteckt!", sagt der Museumsführer. „Na, so was!", wundert sich Klaus, „dass die schöne Helena sogar bis München gekommen ist!"

„Wie heißt du?", fragt der Lehrer den neuen Schüler. „Norbert ohne W." „Wie bitte?" „Norbert ohne W." „Aber Norbert schreibt man doch immer ohne W", wundert sich der Lehrer. „Das sag ich Ihnen doch schon die ganze Zeit!"

„Wie ist es dir heute bei der Mathearbeit ergangen?", fragt Herr Weber. „Soso, lala", antwortet Moni. „Eine Lösung war falsch." „Und wie viele Aufgaben waren es insgesamt?" „Fünf!" „Das ist doch prima", ruft Herr Weber, „die anderen hattest du alle richtig?" „Nein", antwortet Moni, „zu denen bin ich gar nicht erst gekommen."

Uli besucht seinen Schulfreund Peter. „Was habt ihr denn da für eine komische Uhr?", fragt er. „Das ist eine Kuckucksuhr", erklärt Peter. „Jede Stunde kommt der Kuckuck raus." Uli ist fasziniert. „Wir haben zu Hause eine Großvateruhr, aber die geht wohl nicht richtig. Der Großvater ist da nämlich noch nie rausgekommen."

Der Schulinspektor kommt auf eine Dorfschule im hintersten Bayerischen Wald und fragt einen Schüler: „Wer hat die Berliner Mauer zu Fall gebracht?" „Weiß nicht", antwortet der Junge, „ich war's auf jeden Fall nicht." Entsetzt über so viel Unwissen wendet sich der Schulinspektor an den Schuldirektor. „Nun, der Bub ist zwar ein frecher Rotzbengel, aber in diesem Fall sollten wir ihm glauben." Dem Schulinspektor stellen sich alle Haare zu Berge und er wendet sich entsetzt über die Antwort des Direktors an das Kultusministerium. Einige Wochen später erhält er einen Brief folgenden Inhalts: „Mit Bezug auf die bedauerlichen Vorkommnisse im Zusammenhang mit der Berliner Mauer beehren wir uns, Ihnen mitzuteilen, dass diese Angelegenheit nicht in den Zuständigkeitsbereich des Kultusministeriums fällt, und empfehlen Ihnen, sich an den Bundesbauminister zu wenden."

Mutti bringt ihren 13-jährigen Sohn mit der Bahn ins Internat. „Hör zu, Ferdinand, wenn der Schaffner kommt, machst du dich ganz klein. Kinder unter sieben Jahren zahlen nämlich nur die Hälfte. Wenn dich der Schaffner fragt, wie alt du bist, sagst du, sechs Jahre. Kapiert?" Alles klar. Kaum sind die beiden eingestiegen, kommt auch schon der Schaffner. „Eine Kinderfahrkarte?", staunt der. „Na, sag mal, kleiner Mann, wie alt bist du denn?" Ferdinand macht sich so klein wie möglich und flüstert: „Sechs Jahre." „Na, da bist du aber schon ganz schön groß für dein Alter", meint der Schaffner. „Wann bist du denn sechs Jahre alt geworden?" „Unmittelbar bevor wir eingestiegen sind", piepst Ferdinand.

Der Erdkundelehrer: „Sandra, was kannst du uns über die Sahara erzählen?" Sandra legt los: „In der Sahara sind viele Flüsse eingetrocknet. Der Wasserstand ist hier also sehr niedrig. Die Hauptstadt heißt Kalifornien, denn dort wohnen die meisten Kalifen. In der Sahara gibt es unzählige Nomaden und Kamele. Kamele nennt man auch Wüstenschiffer, weil sie so viel Wasser lassen können."

In der Bahnhofshalle. Der Professor fragt: „Wohin fährt dieser Zug?" „In zehn Minuten nach Berlin", antwortet der Schaffner. „Toll, dieser rasante Fortschritt!", sagt der Professor. „Das letzte Mal hat er noch vier Stunden gebraucht."

„Stell dir das mal vor", sagt Moni zu ihrer Schulfreundin, „einen Logenplatz im Kino, einen Rieseneisbecher, eine große Tüte Popcorn, einen riesigen Becher Cola – und das alles für einen Euro!" „Toll!", ruft Hannelore, „und das hast du alles für einen Euro bekommen?" „Natürlich nicht", antwortet Moni, „aber stell dir das mal vor!"

„Mutti, warum heißt der Lehrer eigentlich Lehrer?" „Weil er euch vieles lehrt!" „Demnach ist Vati ein wahnsinniger Schuft!" „Ach du liebes bisschen, wie kommst du denn darauf?" „Weil Vati doch immer sagt, dass er so wahnsinnig schuftet!"

Der Lehrer liest im Religionsunterricht aus der Bibel vor: „Der Vater des verlorenen Sohnes fiel auf sein Angesicht und weinte bitterlich. Kannst du mir sagen warum, Uli?" „Na klar, knallen Sie mal mit der Nase voll auf den Boden. Da kommen Ihnen auch die Tränen!"

Uli ist mit dem Fahrrad unterwegs. In einer scharfen Kurve rutscht er aus, stürzt und bleibt in einer Pfütze liegen. „Oh, bist du gestürzt?", fragt eine Fußgängerin. „Nee, natürlich nicht, ich steige immer so ab", sagt Uli.

Der Religionslehrer: „Ich habe euch letzte Woche gebeten, eine gute Tat zu begehen und jemandem eine Freude zu machen. Was ist daraus geworden? Berichte mal, Anton!" „Ich war bei Oma und habe den ganzen Kuchen weggegessen." „Was hat das mit Freude machen zu tun?" „Aber, Herr Lehrer, Oma freut sich immer, wenn ich einen guten Appetit habe!" „So, so! Und du, Karl, wie war es bei dir? Hast du jemandem eine Freude gemacht?" „Jawohl. Ich war bei Tante Erna zu Besuch und sie hat sich wirklich gefreut, als ich wieder ging!"

Uli sitzt im Birnbaum und klaut Birnen. Da kommt der Schrebergartenbesitzer und schimpft: „Warte nur, das sage ich heute Abend deinem Vater." Darauf Uli: „Das können Sie ihm gleich sagen, er sitzt nämlich neben mir."

Herr Weber erkundigt sich bei seinem Sohn: „Sag mal, wirst du die Versetzung schaffen?" „Hoffentlich, allerdings müsstest du dich in Mathe etwas anstrengen und deine Deutschaufsätze müssten auch entschieden besser werden!"

Der zerstreute Professor hat sich hoffnungslos verirrt. In einem kleinen Dorf hält er an und fragt einen Einheimischen, wohin die Straße geht. „Die geht nirgendwohin", sagt der Bauer, „die bleibt, wo sie ist."

Peter und Uli streiten sich. „Jetzt reicht's mir *aber*", schreit Peter. „Du bist nicht mehr mein Freund!" Heulend läuft Uli nach Hause. Seine Mutter versucht, ihn zu trösten und sagt: „Lass doch, du findest bestimmt wieder einen Freund." „Aber nicht so einen", schluchzt Uli, „sein Vater hat doch eine Eisdiele."

Moni hat nach dem Abitur den Führerschein gemacht. „Und, kommst du gut zurecht im Straßenverkehr?", fragt Oma Wina. „Ich schon", antwortet Moni, „nur die anderen nicht!"

Verzweifelt fragt Dieter seinen Vater: „Warum muss ich Englisch lernen?" „Weil Englisch eine Weltsprache ist. Millionen von Menschen sprechen diese Sprache", antwortet der Vater. „Aber wenn schon Millionen Menschen diese Sprache sprechen, warum muss ausgerechnet ich die auch noch sprechen?"

Zwei Abiturientinnen, Moni und Susi. Moni lädt Susi übers Wochenende zu sich ein: „Du musst unbedingt kommen, mein älterer Bruder ist auch da", sagt sie. „Ist dein Bruder nett?", fragt Susi. „Ja, sehr nett!", sagt Moni. „Sieht er gut aus?" „Ja, wie ein Gemälde." Natürlich kommt Susi. Als sie den Bruder sieht, ist sie total enttäuscht. „Wie ein Gemälde hast du gesagt!", nörgelt sie enttäuscht. „Dein Bruder hat eine Nase wie ein Nashorn, Blumenkohlohren, Augen wie ein Frosch und fürchterliche O-Beine!" „Naja, ich konnte ja nicht ahnen, dass du nichts von moderner Kunst verstehst", meint Moni.

Der Zoo muss sparen. Als der alte Gorilla stirbt, wird kein neues Tier angeschafft. Stattdessen muss der Wärter stundenweise in ein Affenfell schlüpfen und den Gorilla markieren. Das geht lange gut. Doch eines Tages bekommt der falsche Gorilla einen schlimmen Schreck. Ein Löwe ist im Affenkäfig. Starr vor Angst bleibt der Wärter im Affenfell sitzen. Der Löwe kommt näher und näher. Und noch näher. Und dann flüstert er: „Geben sie dir auch 20 Euro die Stunde?"

„Wer von euch hat das Wohnzimmerfester eingeworfen?", fragt Vati erbost. „Das war Peter, der hat sich geduckt!"

Die kleine Babett kritzelt fleißig etwas aufs Papier. „Was machst du?", fragt die Mutti. „Ich schreib Oma einen Brief.", kräht Babettchen. „Aber, Süße, du kannst doch noch gar nicht schreiben!" „Ja, aber Oma kann lesen!"

ENDE